21

ESSEN + TRINKEN

BACKEN

TORTENDEKORATION

Über 100 Ideen für süße Meisterwerke

TORTENDEKORATION

Über 100 Ideen für süße Meisterwerke

Karen Sullivan

Essen + Trinken
Backen

Projektbetreuung Martha Burley
Cheflektorat Dawn Henderson
Bildredaktion Christine Keilty, Kathryn Wilding
Umschlaggestaltung Nicola Powling, Rosie Levine
Herstellung Sarah Isle, David Appleyard, Jen Scothern
Art Director Peter Luff
Redaktionsleitung Peggy Vance

Tortendekoration Asma Hassan, Sandra Monger, Amelia Nutting

DK INDIA
Lektorat Charis Bhagianathan
Bildredaktion Navidita Thapa, Ira Sharma, Balwant Singh
Redaktion Janashree Singha
Cheflektorat Alicia Ingty
Herstellung Pankaj Sharma, Sunil Sharma
DTP-Design Jagtar Singh, Satish Chandra Gaur, Rajdeep Singh, Rajesh Singh, Sachin Singh, Anurag Trivedi, Manish Upreti

Für die deutsche Ausgabe:
Programmleitung Monika Schlitzer
Projektbetreuung Gabriele Kalmbach
Herstellungsleitung Dorothee Whittaker
Herstellungskoordination Madlen Richter
Herstellung Sophie Schiela

Titel der englischen Originalausgabe:
Step by Step Cake Decoration

Übersetzung Carla Gröppel-Wegener
Lektorat Petra Teetz

ISBN 978-3-8310-2679-1

Colour reproduction by Altaimage LTD
Printed and bound by TBB in Slovakia

Besuchen Sie uns im Internet
www.dorlingkindersley.de

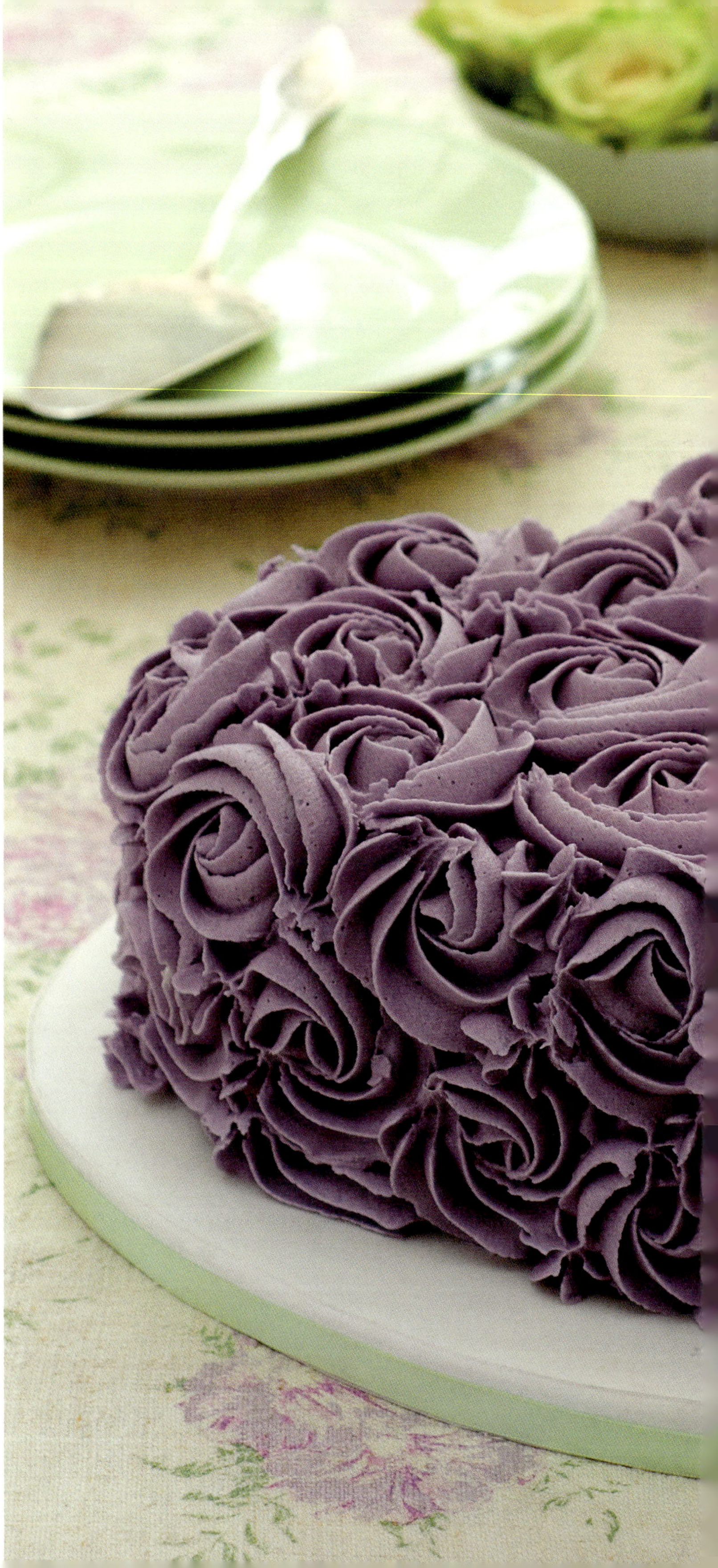

Inhalt

EINFÜHRUNG   6

TORTENDESIGN   8
Blumen und Blüten   8
Für Kinder   10
Motivtorten   12
Elegante Torten   13
Für besondere Anlässe   14

WERKZEUGE UND ZUBEHÖR   16

CREME, GLASUR UND ÜBERZUG   22
Buttercreme   24
Eiweißspritzglasur   34
Marzipan   36
Schokolade   38
Fondant   46
Blütenpaste   52
Mexikanische Blütenpaste   53

GRUNDTECHNIKEN   54
3-D-Kreationen   56
Spritzdekor   72
Modellieren   86
Ausstecher und Formen   100
Schablonen   124
Kolorieren   134
Bilder und Fotos   148
Der letzte Schliff   152

PROJEKTE   162

GRUNDREZEPTE   226

SCHABLONEN   244

MITWIRKENDE   247

MENGEN ANPASSEN   248

BEZUGSQUELLEN   249

REGISTER UND DANK   250

Einführung

DAS DEKORIEREN VON TORTEN hat sich in den letzten Jahren zu einem Trend entwickelt. Begeisterte Anfänger wagen sich an die Zubereitung von wunderschönen Torten, ausgefallenen Cupcakes und witzigen Cake-Pops. Möglich gemacht haben diesen Trend zahlreiche Hilfsmittel und spezielle Zutaten, die heute nicht mehr nur für Profis, sondern auch für Hobbybäcker leicht erhältlich sind. Dazu kommen Seminare, Blogs, Webseiten und Fernsehsendungen, die sich mit dem Thema beschäftigen. Die Angst vor dem Backen ist vergessen, die Eigenkreationen werden immer raffinierter und ausgefallener. Aber wie fängt man an? Was muss man wissen, um köstliche Torten zu backen und sie perfekt zu dekorieren?

Dieses Buch richtet sich an alle, die lernen möchten, selbst spektakuläre Torten zu kreieren. Der benutzerfreundliche Aufbau, die ausführlichen Schritt-für-Schritt-Anleitungen und die spannenden Projekt-Vorschläge sollen dabei Hilfe und Anregung zugleich sein. Im bebilderten Einstiegskapitel **Werkzeuge und Zubehör** stellen wir Ihnen die Hilfsmittel vor, die Sie beim Arbeiten an Torten brauchen. Das folgende Kapitel **Creme, Glasur und Überzug** hat so wichtige Zutaten wie Blütenpaste, Marzipan, Fondant, Buttercreme, Schokolade und Spritzglasur zum Thema. Darauf folgen die **Grundtechniken** des Dekorierens, in Einzelschritten erklärt. Viele Profi-Tipps machen sie verständlich und gelingsicher, sodass auch Einsteiger sie problemlos umsetzen können. Danach geht's an die Torte! Drei mehrfach ausgezeichnete Profis zeigen in mehr als 20 praktischen **Projekt**-Vorschlägen, wie man besondere Torten für verschiedene Anlässe erfolgreich zubereitet. Zuletzt verrät das Kapitel **Grundrezepte**, welche Kuchen die köstliche Basis unserer Torten sind.

Wie bei allen handwerklichen Tätigkeiten braucht es Zeit und Geduld, um das Dekorieren von Torten zu meistern. Einige der hier vorgestellten Techniken sind einfach, für andere brauchen Sie viel Übung. Doch wer sie einmal beherrscht, wird Familie und Freunde mit originellen Torten, Cupcakes und dreidimensionalem Backwerk beeindrucken.

Viel Spaß beim Dekorieren

Tortendesign
Blumen und Blüten

Rüschentorte
S. 224–225

Filigran-Hochzeitstorte
S. 214–216

Blümchen-Torte
S. 205–207

Cupcake-Strauß
S. 198–199

Schokoladen-Hochzeitstorte
S. 210–212

Hochzeitstörtchen
S. 213

Blütenherz
S. 200–201

Gerbera

Cymbidium-Orchidee

Orchideen, Kornblumen
und Gipskräuter

Violette Rosen

Blüten und Gestecke
S. 90–91

Frühlings-Cupcakes
S. 184–185

Für Kinder

Prinzessinnen-Cake-Pops
S. 175

Teddy-Törtchen
S. 190–191

Prinzessinnenschloss
S. 170–175

Dinosaurier
S. 167–169

Lokomotive
S. 164–166

Piraten-Cake-Pops
S. 179

Halloween-Cake-Pops
S. 189

Halloween-Torte
S. 186–188

Hase

Kuh

Marienkäferchen

Piratenschiff
S. 176–179

Teddybär

Figuren modellieren
S. 92–95

Motivtorten

Handtaschen-Torte
S. 202–204

Ballsport-Torten
S. 180–182

Koffer-Torte
S. 208–209

Lebkuchenhaus
S. 194–195

Ballerina

Fußball-
spieler

Figuren modellieren
S. 92–95

Elegante Torten

Ombré-Torte
S. 196–197

Blümchen-Torte
S. 205–207

Calla-Gesteck

Blüten und Gestecke
S. 90–91

Damast

Motiv-Schablonen
S. 132–133

Schokoladen-Hochzeitstorte
S. 210–212

Rüschentorte
S. 224–225

Für besondere Anlässe

Weihnachts-Cake-Pops
S. 223

Tauftorte
S. 192–193

Filigran-Hochzeitstorte
S. 214–216

Halloween-Torte
S. 186–188

Weihnachtliche Schokoroulade
S. 218–219

Schokoladen-Hochzeitstorte
S. 210–212

Festlicher Früchtekuchen
S. 220–222

Weihnachtsstern

Blüten und Gestecke
S. 90–91

Teddybären

Motiv-Schablonen
S. 132–133

Herzen

Sterne

Ausgestochene Motive
S. 104–105

Werkzeuge und Zubehör

Für einen Großteil der Effekte und Kunstgriffe beim Dekorieren von Torten benötigen Sie professionelles Werkzeug und passendes Zubehör. Beide sind im Fachhandel erhältlich. Legen Sie sich eine gute Grundausstattung zu, sie erleichert das Arbeiten sehr.

Backen und fertigstellen

Profi-Werkzeug zum Backen, Überziehen, Schichten und Präsentieren:

Dübel werden nach Bedarf zurechtgeschnitten und stützen schwere Dekorationen oder mehrstöckige Torten.

Teigkarten mit unterschiedlichen Kanten sorgen für einen glatten oder strukturierten Überzug.

Cake-Pop-Stiele oder Holz-stäbchen in verschiedenen Längen stabilisieren Dekorationen.

Fondantmatten mit Antihaft-Beschichtung zum Ausmessen, Ausrollen und Schneiden von Fondant oder anderer Modelliermassen

Silikon-Ausrollstäbe helfen, Fondant, Blütenpaste und Modelliermasse glatt und gleich-mäßig auszurollen.

Tortendrehplatten ermöglichen es, Torten problemlos von allen Seiten zu erreichen. Sie erleichtern so das Überziehen.

Tortenplatten-Stecksysteme sind gute Stützen für mehr-stöckige Torten.

Zuckerthermometer zum Prüfen der Temperatur beim Kochen von Zucker oder beim Temperieren von Schokolade.

Säulen *trennen und stützen die einzelnen Kuchenböden mehrstöckiger Torten. Erhältlich in verschiedenen Ausführungen.*

Tortenglätter *zum Glätten der Oberfläche überzogener Torten und Dekorationen. Verwendet man zwei Stück, entstehen besonders präzise Kanten und Ecken.*

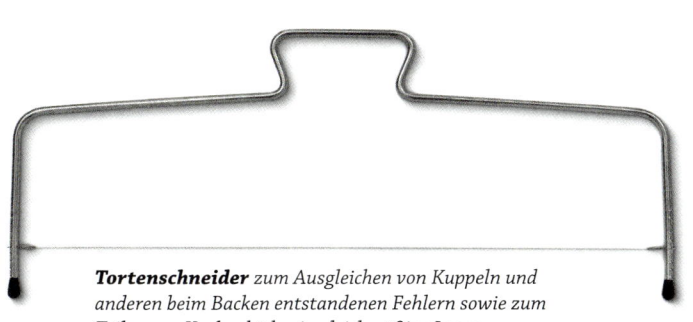

Tortenschneider *zum Ausgleichen von Kuppeln und anderen beim Backen entstandenen Fehlern sowie zum Teilen von Kuchenböden in gleichmäßige Lagen.*

Tortenunterlagen und -platten *Die dünneren Unterlagen werden vor allem bei mehrstöckigen Torten als Unterlagen für die einzelnen Böden verwendet. Die dickeren Platten bieten eine stabile Grundlage.*

Formen und prägen

Zwei- und dreidimensionale Dekorationen werden mithilfe unterschiedlicher Formen hergestellt. Zum Dekorieren von Oberflächen benutzt man spezielle Prägestempel.

Kunstharzformen *für Ausrollfondant und andere Modelliermassen. Damit lassen sich sehr detaillierte Elemente herstellen.*

Kneifer *zum Prägen dekorativer Elemente und Texturen in Fondant.*

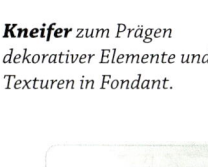

Silikonstempel *prägen feine Blattadern und formen Blätter aus Fondant oder Blütenpaste.*

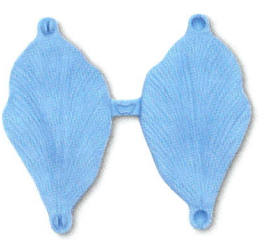
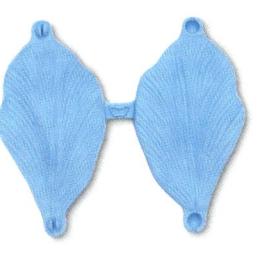
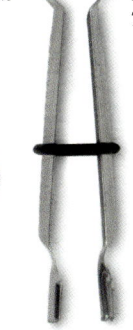

Strukturmatten *übertragen ihr Muster auf ausgerollten Fondant.*

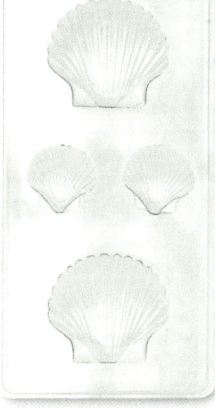

Silikonformen *bringen Schokolade, Blütenpaste und Fondant in Form.*

Kunststoffformen *sind ideal für größere Motive, z. B. aus temperierter Schokolade.*

Strukturrollen *zum Einprägen von Mustern in die Oberfläche von Torten oder Dekorationen.*

Schneiden und ausstechen

Mit speziellen Ausstechformen lassen sich selbst komplizierte Formen einfach zuschneiden. Einige Modelle prägen dabei sogar noch.

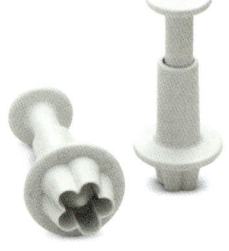

Rollschneider *mit austauschbaren Aufsätzen zum Ausschneiden gleichmäßig breiter Streifen aus Fondant und Modelliermasse. Sind die Klingen gewählt, eingestellt und fixiert, lassen sich dekorative Bänder zuschneiden und/oder prägen.*

Ausstecher mit Auswurf *sorgen für Formen mit glatten Kanten. Sie lassen sich einfach durch Knopfdruck lösen.*

Patchwork-Cutter *verwendet man zum Prägen der Oberfläche von Dekorationen und Torten. Damit lassen sich jedoch auch detaillierte Formen ausstechen.*

Ausstecher für Leisten und Bordüren *eignen sich besonders für kleinteilige Dekorationen wie Buchstaben oder Zahlen. Sie werden auch zum Prägen von Oberflächen verwendet.*

Schneiderädchen *helfen beim schnellen und genauen Schneiden von Fondant oder Modelliermasse. Austauschbare Klingen erzeugen unterschiedliche Effekte.*

Ausstecher aus Metall *für exakte Formen zum Schichten oder als Grundlage für Dekorationen. Häufig erhältlich in Sets mit verschiedenen Größen.*

Modellieren

Dank vieler Hilfsmittel ist es gar nicht so schwer, detailgetreue Dekorationen zu modellieren. Die wichtigsten Werkzeuge sind häufig auch als Set erhältlich (siehe rechte Seite).

Blüten-Former *sind leicht konkav geformt. So können Blüten und andere Dekorationen aus Fondant oder Modelliermasse darin trocknen, ohne ihre Form zu verlieren.*

Blumenstecker *erlauben es, frische oder selbst hergestellte Blüten-Dekorationen hygienisch an bzw. in einer Torte zu befestigen.*

Blütennägel *werden zwischen Daumen und Zeigefinger gedreht, während Blüten auf ihre Oberfläche gespritzt werden. So kann man sehr kontrolliert arbeiten.*

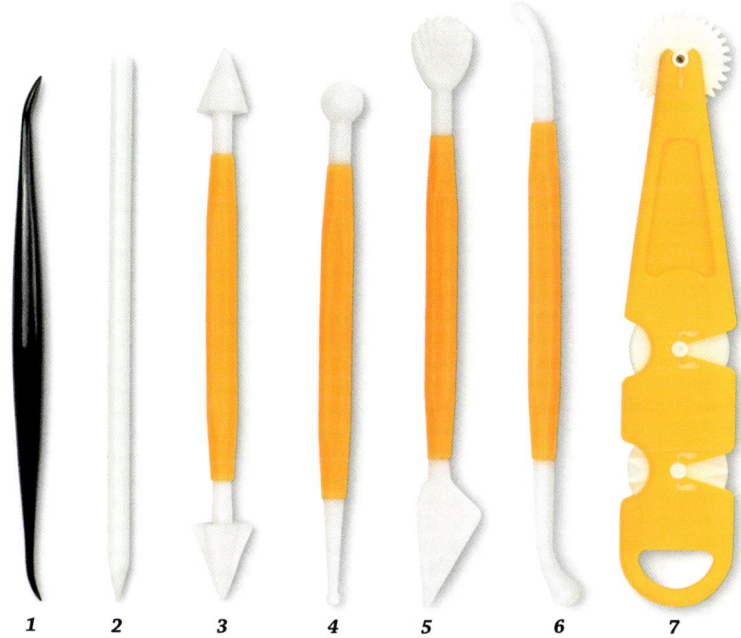

1 Veining-Modellierstab *(auch Dresden-Modellierstab) zum Prägen von Details in Fondant etc.*

2 Kleiner Ausrollstab *für Krausen und Rüschen in dünn ausgerolltem Fondant.*

3 Konisches Modellierwerkzeug *für Details und Textur. Auch zum Prägen von Sternen geeignet.*

4 Kugelstab *zum Ausdünnen und Abrunden von Rändern (für natürliche Blüten-Formen und Konturen).*

5 Modellierwerkzeug »Muschel/ Klinge« *zum Prägen von Muschelmustern, Schneiden und Formen.*

6 Modellierwerkzeug »Bone« *zum Abrunden, Aushöhlen und Wellen von Blütenblättern.*

7 Kopierrädchen *mit verschiedenen Aufsätzen (Nähbedarf) zum Prägen von Mustern mit Stick-Effekt.*

Floristendraht *für Gestecke aus Blumen oder anderen Motiven wie Herzen und Sterne. Er ist in verschiedenen Stärken erhältlich.*

Floristenband *zum Umwickeln von Floristendraht und zum Verbinden mehrerer Drähte für sehr große Gestecke.*

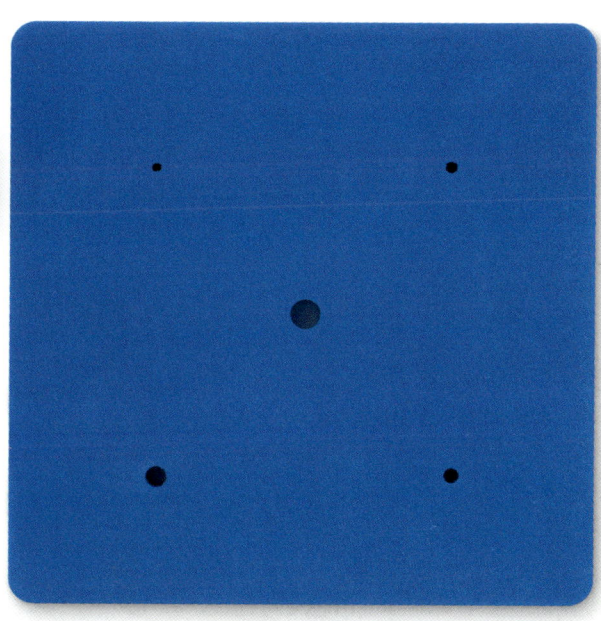

Blüten-Modelliermatten *dienen als Unterlage, wenn bei Blüten und Blättern sanfte Wellen und zusätzliche Details wie Blattadern modelliert werden. Sie eignen sich auch hervorragend als Fläche zum Trocknen dieser Objekte.*

Spritzbeutel und Tüllen

Mit der richtigen Ausstattung können Sie Torten und Cupcakes wunderbar mit aufgespritzter Buttercreme oder Glasur verzieren. Verschiedene Tüllen erzeugen unterschiedliche Effekte.

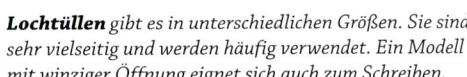
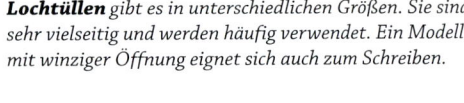

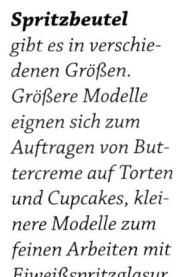

Lochtüllen gibt es in unterschiedlichen Größen. Sie sind sehr vielseitig und werden häufig verwendet. Ein Modell mit winziger Öffnung eignet sich auch zum Schreiben.

Blütenblatt-Tüllen in verschiedenen Größen helfen beim Aufspritzen von Blütenblättern, Rüschen, Bändern und Schleifen aus Eiweißspritzglasur oder Buttercreme.

Adapter erlauben das Wechseln von Tüllen, ohne den Spritzbeutel zu leeren.

Spritzbeutel gibt es in verschiedenen Größen. Größere Modelle eignen sich zum Auftragen von Buttercreme auf Torten und Cupcakes, kleinere Modelle zum feinen Arbeiten mit Eiweißspritzglasur.

Sterntüllen (geschlossen) eignen sich z. B. zum Dekorieren von Cupcakes mit Buttercreme-Rüschen.

Sterntüllen (offen) zum Verzieren von Rändern, zum Formen sternförmiger Tropfen und zum Dekorieren von Cupcakes.

Blatttüllen mit V-förmigen Öffnungen zum Imitieren der spitzen Enden von Blättern (flach, gewellt oder mit 3-D-Effekt).

Blütentüllen kreieren Blüten mit einem einzigen Spritzbeutel-Druck. Verschiedene Schnitte bestimmen die Anzahl der Blütenblätter.

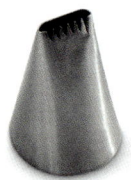

Sehr feine Sterntüllen eignen sich für gerade oder schnörkelige Randverzierungen.

Spaghetti-/ Grastüllen werden auch für winzige Perlen verwendet.

Sternbandtüllen mit je einer glatten und einer gewellten Seite erzeugen gerippte Bänder.

Rüschentüllen mit tränenförmigen Öffnungen formen Bänder, Girlanden und Rüschen.

Spritzflaschen mit sehr feiner Öffnung sind ideal, um Schokolade und dünne Eiweißspritzglasur sehr fein und genau auf Torten, Plätzchen und Cake-Pops aufzutragen.

Kolorieren und zeichnen

Speisefarbe in flüssiger Form oder als Pulver lässt sich freihändig, mit Schablonen, Pinseln, speziellen Stiften oder der Airbrush-Pistole auftragen. Sie sorgt für den letzten Schliff.

Speisefarben-Pulver *trägt man pur dünn mit einem Pinsel auf. Für effektvolle Dekorationen wird es mit Rejuvenator-Spirit oder essbarem Klebstoff verrührt.*

Zeichenpinsel
Mit feinen Pinseln lassen sich Details zeichnen, größere werden für Farbflächen verwendet. Verwenden Sie Pinsel mit Synthetikhaar, das nicht so leicht ausfällt.

Schablonen *werden für Eiweißspritzglasur-Dekos, zum Prägen, zum Auftragen von Speisefarben-Pulver und als Hilfsmittel bei der Airbrush-Technik verwendet.*

Speisefarben-Stifte *in vielen Farben und Stärken zum Schreiben und Zeichnen.*

Airbrush-Ausrüstung
Damit lässt sich Farbe besonders gleichmäßig auf Torten, Schokolade und Plätzchen auftragen. Sie eignet sich auch zur Arbeit mit Schablonen und zum Auftragen von Glasuren.

CREME, GLASUR UND ÜBERZUG

Buttercreme, Spritzglasur, Marzipan, Schokolade, Fondant und Blütenpaste werden Ihnen bei der Dekoration von Torten immer wieder begegnen. Dieses Kapitel stellt Sie Ihnen vor.

Buttercreme

Die Creme aus Butter, Puderzucker und Sahne ist schnell gerührt und lässt sich gut mit etwas Vanille oder anderen Geschmackszutaten aromatisieren. Buttercreme verwendet man zum Überziehen oder Füllen von Torten und Cupcakes.

Einfache Vanille-Buttercreme

Diese Buttercreme ist ideal als Torten-Überzug, kann auf Cupcakes gespritzt und für die Pinselstickerei-Technik (s. S. 139) verwendet werden. Sie können sie auch ohne Sahne oder Milch zubereiten.

 ZUBEREITUNG 15–20 Min.

 ERGIBT 750 g

Zutaten

* ✻ 250 g weiche Butter
* ✻ 2 Päckchen Vanillezucker
* ✻ 600 g Puderzucker
* ✻ 2 EL Sahne oder Milch, plus mehr bei Bedarf
* ✻ Speisefarben-Paste (nach Wunsch)

1 Butter, Vanille- und Puderzucker mit den Quirlen des Rührgeräts schaumig schlagen.

2 Die Sahne zufügen und weiterschlagen, bis eine luftige Masse entsteht.

3 Tröpfchenweise Speisefarbe untermischen, bis die gewünschte Färbung erreicht ist.

4 Die fertige Buttercreme soll weich sein, jedoch eine hineingesteckte Palette stabil halten.

Cremig locker und luftig:
Buttercreme ist ideal zum Überziehen und Dekorieren von Biskuittorten.

Variante

Ersetzen Sie den Vanillezucker einmal durch natürliche Aromen, z. B. Nuss- und Frucht-Extrakte oder Öle. Diese tröpfchenweise einrühren und die Creme vor der Weiterverwendung kosten. Auch fein: die Kombination von Schokolade und Minze.

Zutaten

Schokoladen-Buttercreme
* ✳ 1 Rezept Vanille-Buttercreme (s. S. 24)
* ✳ 8 EL Kakaopulver

Zitronen- oder Orangen-Buttercreme
* ✳ 1 Rezept Vanille-Buttercreme (s. S. 24)
* ✳ Saft und fein abgeriebene Schale von 1 Bio-Zitrone oder Bio-Orange

Kaffee-Buttercreme
* ✳ 1 Rezept Vanille-Buttercreme (s. S. 24)
* ✳ 2 EL starker Kaffee oder Espresso, abgekühlt

Frischkäse-Buttercreme
* ✳ 1 Rezept Vanille-Buttercreme (s. S. 24)
* ✳ 200 g Doppelrahm-Frischkäse, abgetropft

Schokoladen-Buttercreme

Sie passt gut zu dunklen Schokoladenkuchen. Dafür die Vanille-Buttercreme wie links beschrieben (Schritt 1 und 2) zubereiten – jedoch mit Milch statt mit Sahne. Das Kakaopulver zugeben und die Creme luftig aufschlagen. Für ein schwächeres Schokoladenaroma nur 4 EL Kakaopulver verwenden und dieses bereits in Schritt 1 zugeben.

Zitronen- oder Orangen-Buttercreme

Der frische Geschmack dieser Buttercreme harmoniert perfekt mit Vanillekuchen. Dafür die Vanille-Buttercreme wie links beschrieben – jedoch ohne Vanillezucker – zubereiten. Bei Schritt 2 statt Sahne Zitronen- bzw. Orangensaft untermischen. Die Masse locker aufschlagen und dabei die Zitrusschale gleichmäßig mit einrühren.

Kaffee-Buttercreme

Je stärker der Kaffee, desto intensiver der Geschmack dieser Buttercreme. Dafür die Vanille-Buttercreme wie links beschrieben zubereiten. Bei Schritt 2 nur 1 EL Sahne und den Kaffee zugeben und alles luftig aufschlagen. Für einen leichten Marmor-Effekt statt gebrühtem Kaffee 2 EL Instant-Kaffeepulver einrühren.

Frischkäse-Buttercreme

Diese Buttercreme hat eine sehr lockere, cremige Konsistenz. Dafür die Vanille-Buttercreme wie links beschrieben zubereiten. Bei Schritt 2 anstelle der Sahne den Frischkäse in Portionen zugeben und die Masse luftig aufschlagen. Nach Bedarf bis zu 300 g Puderzucker unter die Buttercreme rühren, bis die gewünschte Konsistenz erreicht ist.

Italienische Buttercreme

Diese besonders cremige und reichhaltige Buttercreme auf Eiweißbasis können Sie noch mit natürlichen Extrakten oder einem Spritzer Zitrusöl aromatisieren. Die sehr weiche Masse eignet sich nicht zum Aufspritzen detaillierter Dekorationen, macht sich aber auf Cupcakes hervorragend.

 ZUBEREITUNG 25 Min.

 GAREN 15 Min.

 ERGIBT 900 g

Zutaten

* 5 Eiweiß
* 300 g Zucker
* 500 g weiche Butter
* natürliches Aroma (nach Wunsch)

Außerdem

* Zuckerthermometer

1 Die Eiweiße mit den Quirlen der Küchenmaschine oder des Handrührgeräts schaumig schlagen. Langsam 50 g Zucker einrieseln lassen und alles zu steifem Schnee schlagen.

2 Den restlichen Zucker mit 90 ml Wasser in einem mittleren Topf schwach erhitzen, bis der Zucker sich aufgelöst hat. Den Topf dabei gelegentlich schwenken. Den Sirup bei mittlerer Hitze köcheln lassen, bis er eine Temperatur von 121 °C erreicht hat (mit dem Zuckerthermometer überprüfen). Vom Herd nehmen.

3 Den Eischnee in der Küchenmaschine langsam weiterschlagen, dabei den heißen Sirup vorsichtig am Schüsselrand einlaufen lassen. Weiterrühren, bis sich die Schüssel kühl anfühlt. Jetzt die Butter in Stückchen einrühren, bis eine glatte, steife Creme entsteht. Zuletzt nach Wunsch noch Aroma einrühren.

Variante

Für Deutsche Buttercreme wird aus Eiern, Milch, Zucker und Speisestärke eine Konditorcreme zubereitet und Butter untergerührt. Für die besonders reichhaltige Französische Buttercreme verwendet man Eigelb statt Eiweiß.

Italienische Buttercreme muss glatt und steif gerührt sein, bevor sie aromatisiert wird.

Buttercreme zum Ausrollen

Diese Buttercreme ist ähnlich formbar und elastisch wie Fondant, schmeckt aber viel intensiver. Sie kann nach Wunsch noch mit Kakao aromatisiert werden. Man verwendet sie als Überzug z. B. von Torten oder bearbeitet sie wie Fondant zum Formen von Dekorationen (s. S. 87).

 ZUBEREITUNG 20 Min.

ERGIBT 1,5 kg

Zutaten

* 250 g weiche Butter
* 240 ml Golden Syrup (heller Zuckerrohrsirup)
* ½ TL Salz
* 1 Päckchen Vanillezucker
* 1 kg Puderzucker, plus mehr zum Arbeiten

Außerdem

* Knethaken

1 Butter und Sirup in einer Rührschüssel mit den Quirlen des Rührgeräts zu einer glatten Masse verrühren. Salz und Vanillezucker einrühren. Den Puderzucker langsam untermischen, bis eine steife Masse entsteht.

2 Die Buttercreme mit dem Knethaken des Rührgeräts durchkneten, bis sie formbar und elastisch ist. Ist sie zu klebrig, noch etwas Puderzucker untermischen.

3 Alternativ die Masse auf der mit Puderzucker bestäubten Arbeitsfläche von Hand durchkneten.

4 Die Buttercreme auf der mit Puderzucker bestäubten Arbeitsfläche bis zur gewünschten Dicke ausrollen oder wie Fondant weiterverwenden (s. S. 46–51).

Tipp

Diese Buttercreme ist nicht so lange haltbar wie Fondant und muss in einem luftdicht schließenden Behälter im Kühlschrank aufbewahrt werden. Vor dem Ausrollen leicht in den Händen anwärmen, dann kurz durchkneten.

Ein Knethaken erleichtert die Zubereitung von Buttercreme zum Ausrollen.

Schichttorten füllen

Die einzelnen Böden müssen vor dem Füllen geglättet werden (s. S. 239). Dünne Böden machen die Torte stabiler. Neben Buttercreme sind auch Ganache (s. S. 38), Schlagsahne, Konfitüre und Curd feine Füllungen. Tragen Sie nicht zu viel auf und lassen Sie die Füllung vor dem Überziehen fest werden.

Zutaten
* Kuchenböden, abgekühlt und geglättet
* Buttercreme (s. S. 24–25)

Außerdem
* Tortenunterlage
* Tortendrehplatte
* Spritzbeutel mit großer Lochtülle

1 1 Boden mit der Schnittseite nach oben mit Unterlage auf die Drehplatte legen. Einen Ring Buttercreme daraufspritzen.

2 In die Mitte des Rings 1 Löffel Buttercreme geben und mit einer Palette gleichmäßig verstreichen.

Kuchenböden vor dem Schichten immer glätten.

3 Den nächsten Kuchenboden mit der Schnittseite nach unten darauflegen. Soll die Torte nur 2 Lagen haben, wird sie jetzt überzogen. Weitere Lagen werden wie oben beschrieben geschichtet. Für eine ebene Oberfläche den letzten Kuchenboden am besten immer mit der Schnittseite nach unten auflegen.

SCHICHTTORTEN
Torten formen **S. 65**
Mehrstöckige Torten **S. 68**
Torten mit Säulen **S. 69**

Krume versiegeln

Vor dem endgültigen Überziehen werden Torten mit einer Art Grundierung versehen. Diese erste Schicht deckt Risse und Löcher in der Oberfläche ab. So ist die überzogene Torte später gleichmäßig glatt und trocknet nicht aus. Zum Versiegeln eignen sich Buttercreme wie auch Ganache (s. S. 38).

Zutaten

* Schichttorte, mit Butter-creme gefüllt
* Buttercreme (s. S. 24–25), mit etwas Milch verdünnt

Außerdem

* Tortenunterlage
* Tortendrehplatte

Die Torte für den perfekten Überzug vorbereiten.

KRUME VERSIEGELN

Torten formen **S. 65**

Mehrstöckige Torten **S. 68**

Torten mit Säulen **S. 69**

Asymmetrische Torten **S. 70–71**

1 Die Schichttorte mit Unterlage auf die Tortendrehplatte stellen. Mit einer Palette eine dünne Schicht Buttercreme auftragen.

2 Die Buttercreme auf der Oberfläche verstreichen, dabei die Tortendrehplatte langsam drehen.

3 Den Rand dünn mit Buttercreme überziehen. Kleine Krümel im Überzug sind dabei kein Problem.

4 Etwa 2 Stunden kühlen und antrocknen lassen. Dann mit Buttercreme (s. S. 30–31) oder Fondant (s. S. 50) überziehen.

Torten überziehen

Für diese Technik eignet sich Buttercreme am besten, sie funktioniert aber auch mit Ganache (s. S. 38) oder Schlagsahne. Die Oberfläche wird zuletzt mit einer erwärmten Palette geglättet oder man gibt ihr mit dem Biskuitkamm eine besondere Struktur, z. B. eine Wellen-Optik.

Zutaten

* Buttercreme (s. S. 24–25)
* Schichttorte, Krume versiegelt (s. S. 29)

Außerdem

* Tortenunterlage
* Tortendrehplatte
* Küchenpapier (ohne Prägung und Perforierung)
* Teigkarte mit geraden Kanten

Alternativ die Buttercreme in Wirbeln verstreichen.

TORTEN ÜBERZIEHEN
Torten formen **S. 65**
Mehrstöckige Torten **S. 68**
Torten mit Säulen **S. 69**
Blüten und Blumen anbringen **S. 160–161**

1 Eine kleine Menge Buttercreme auf die Tortenunterlage geben und die Torte mittig daraufsetzen. Die Unterlage mit Torte auf die Tortendrehplatte stellen. 1 großen Löffel Buttercreme auf die Torte geben.

2 Die Buttercreme mit einer Palette gleichmäßig verstreichen. Dabei von innen nach außen arbeiten.

3 Die Buttercreme gleichmäßig auf Oberfläche und Rand verstreichen. Dabei die Tortendrehplatte langsam drehen. Die Creme 10 Minuten antrocknen lassen, den Vorgang dann wiederholen.

4 Die Klinge der Palette zum Erwärmen in heißes Wasser tauchen. Sorgfältig abtrocknen, dann vorsichtig über den Rand streichen und den Überzug so glätten. Wiederholen, bis der Rand ganz glatt sind.

5 Die erwärmte Palette auf die Oberfläche der Torte legen, die Tortendrehplatte drehen und den Überzug so glätten. Die Torte etwa 15 Minuten ruhen lassen, bis der Überzug fester wird.

6 Die Oberfläche der Torte mit Küchenpapier »polieren« und so weiter glätten. Den Rand nach Wunsch mit der Teigkarte glätten. Dafür die Karte im spitzen Winkel anlegen und rundherum ziehen.

Cupcakes überziehen

Natürlich können Sie Buttercreme einfach mit einer Palette auf Ihre Cupcakes streichen. Besonders professionell sieht es aber aus, wenn Sie diese mit dem Spritzbeutel auftragen. Die verwendete Tülle bestimmt dabei Form und Textur der Dekoration.

Zutaten

* Buttercreme (s. S. 24–25)
* Cupcakes, abgekühlt
* Zuckerstreusel oder essbarer Glitter (nach Wunsch)

Außerdem

* Spritzbeutel mit großer, geöffneter Sterntülle

Je nach Tülle haben die Cupcakes einen anderen Look.

BUTTERCREME AUFTRAGEN

Spritzbeutel drehen **S. 73**
Spritzbeutel füllen **S. 74**
Buttercreme-Bordüren **S. 78**
Buttercreme-Rosen **S. 79**
Schreiben **S. 84**

1 Den Spritzbeutel mit eingesetzter Tülle zur Hälfte mit mäßig weicher Buttercreme füllen. So lässt sich bequem spritzen.

2 Die Tüllenspitze im 90°-Winkel 1 cm über den Cupcake halten und die Buttercreme spiralförmig von außen nach innen auftragen.

3 Beim Auftragen gleichmäßigen Druck auf den Spritzbeutel ausüben. Erst zur Mitte hin verstärken, damit eine Spitze entsteht.

4 Den Druck einstellen und den Spritzbeutel nach oben wegziehen. Nach Wunsch mit Glitter oder Streuseln dekorieren.

Cupcakes füllen

Konfitüre, Buttercreme, Ganache, Mousse oder aufgeschlagene Erdnussbutter – Cupcakes schmecken mit vielen Füllungen. Wer mag, steckt als besondere Überraschung vorher noch Marshmallows oder andere Süßigkeiten hinein. Hier zwei Methoden zum Füllen.

Aushöhlen

Mit einem spitzen, scharfen Gemüsemesser ein kegelförmiges Stück aus der Mitte der Cupcakes schneiden. Die Spitze dieser Stücke abschneiden. Die Vertiefung in den Cupcakes bis knapp unter den Rand füllen und mit Kuchenstücken abdecken. Die Cupcakes dann wie links beschrieben überziehen.

Mit dem Spritzbeutel

Weiche Creme oder Konfitüre füllt man mit einem Spritzbeutel mit Loch- oder Fülltülle in die Cupcakes. Die gewünschte Tülle in den Spritzbeutel einsetzen, die Füllung in den Beutel geben und die Spitze der Tülle von oben in die Mitte der Cupcakes stecken. Vorsichtig drücken, bis Füllung an der Tüllenspitze herausquillt. Die Cupcakes dann wie links beschrieben überziehen und dekorieren.

Mit dem Spritzbeutel lässt sich die Menge der Füllung gut kontrollieren.

Tipp
Vor dem Füllen müssen die Cupcakes unbedingt vollständig abgekühlt sein, sonst zerfallen sie. Außerdem schmilzt die Füllung in kalten Cupcakes nicht. Diese weichen dann auch nicht durch, und so quillt beim Verzehr nichts heraus.

Eiweißspritzglasur

Traditionell verwendet man diese süße Masse aus Eiweiß, Puderzucker und Zitronensaft zum Dekorieren von Lebkuchenhäusern und zum Glasieren der für England und Amerika so typischen Festtags-Früchtekuchen. Mit kleinen Änderungen eignet sie sich auch für feinere Dekorationen.

Zum Überziehen von Torten

Eiweißspritzglasur trocknet schnell aus und wird dabei sehr hart. Decken Sie die Glasur daher beim Arbeiten immer mit Frischhaltefolie oder einem feuchten Tuch ab. In diesem Rezept verhindert Glyzerin, dass die Glasur hart wird. Gleichzeitig sorgt es für etwas Glanz.

 ZUBEREITUNG 15 Min.

 ERGIBT 750 g

Zutaten

* 3 Eiweiß
* 700 g Puderzucker, gesiebt, plus mehr nach Bedarf
* 1 TL Zitronensaft
* 2 TL Glyzerin
* Früchtekuchen mit Marzipanüberzug

Außerdem

* Teigkarte oder Biskuitkamm (nach Wunsch)

1 Die Eiweiße in einer Rührschüssel schaumig schlagen. Den Puderzucker löffelweise einrühren.

2 Zitronensaft und Glyzerin zugeben und die Eiweiße weiter zu steifem Schnee schlagen.

Für eine Glasur nach Bedarf noch Puderzucker zugeben, bis die Masse dick genug ist. Dann mit einer Palette auf Oberfläche und Rand des Früchtekuchens verstreichen (s. S. 30–31) und diesen so überziehen. Die Oberfläche mit der Teigkarte glätten oder mit dem Biskuitkamm strukturieren.

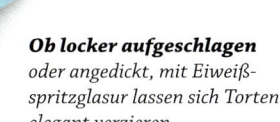

Ob locker aufgeschlagen oder angedickt, mit Eiweißspritzglasur lassen sich Torten elegant verzieren.

Tipp

Eiweißspritzglasur-Reste halten sich im Kühlschrank bis zu 2 Wochen – vorausgesetzt, die Oberfläche ist gut mit Frischhaltefolie abgedeckt. Die Glasur vor der Verwendung durchrühren und eventuell mit Puderzucker andicken.

Zum Spritzen von Dekorationen

Im Gegensatz zur Eiweißspritzglasur zum Überziehen enthält dieses Rezept kein Glyzerin. Diese Spritzglasur eignet sich daher für filigrane Dekorationen und den Aufbau von Lebkuchenhäusern, wo sie schnell trocknen und hart werden muss.

 ZUBEREITUNG 20 Min.

 ERGIBT 700 g

Zutaten

* 3 Eiweiß
* 1 TL Zitronensaft, plus mehr nach Bedarf
* 700 g Puderzucker, gesiebt
* Speisefarben-Paste (nach Wunsch)

1 Die Eiweiße aufschlagen und Zitronensaft einrühren. Den Puderzucker löffelweise zufügen.

2 Alles zu einer dicken, glatten Masse aufschlagen. Ihre Konsistenz soll Zahnpasta gleichen.

EIWEISSSPRITZGLASUR

Lebkuchenhaus S. 66–67

Dekorationen aufspritzen
S. 75

Perlen und Blüten aufspritzen
S. 80

3 Ist die Masse zu dick, noch etwas Zitronensaft einrühren. Einen Zahnstocher in die Speisefarben-Paste tauchen und diese tröpfchenweise zugeben. Danach unterrühren, bis die Spritzglasur gleichmäßig in der gewünschten Intensität eingefärbt ist.

Marzipan

Diese süße Mandelpaste wird traditionell als erster Überzug um einen Früchtekuchen gehüllt, bevor er mit Eiweißspritzglasur glasiert oder mit Fondant überzogen wird. Aus Marzipan kann man jedoch auch wunderbar Figuren und andere Dekorationen formen.

 ZUBEREITUNG
20 Min.

 ERGIBT
900 g

Zutaten

* ❋ 175 g Zucker
* ❋ 300 g Puderzucker, gesiebt, plus mehr zum Arbeiten
* ❋ 1 Päckchen Vanillezucker
* ❋ 450 g gemahlene Mandeln
* ❋ ½ TL Orangensaft
* ❋ 2 Eier, verquirlt

1 Zucker, Puder-, Vanillezucker mit den Mandeln mischen. Eine Mulde in die Mitte drücken, Orangensaft und Eier hineingeben.

2 Mit einer Palette vorsichtig die trockenen unter die feuchten Zutaten heben, bis eine krümelige Masse entstanden ist.

3 Die krümelige Masse auf der mit Puderzucker bestäubten Arbeitsfläche verkneten, bis die Marzipanmasse glatt ist. Für die richtige Konsistenz bei Bedarf noch etwas Puderzucker unterkneten.

Tipp

Marzipan kann ebenso eingefärbt werden wie Fondant (s. S. 47). Aus Marzipan modellierte Dekorationen lässt man an der Luft trocknen und schichtet sie dann zum Aufbewahren in luftdicht schließende Behälter.

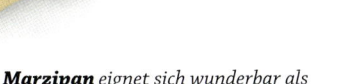

Marzipan eignet sich wunderbar als saftiger Überzug für Früchtekuchen und zum Modellieren von Figuren.

Tipp

Aprikotur ist eine Glasur auf Basis von Aprikosenkonfitüre. Sie verleiht Kuchen einen schönen Glanz. Dafür 200 g Aprikosenkonfitüre mit 3 EL Wasser vorsichtig erwärmen. 1 EL Weinbrand einrühren und alles durch ein Sieb streichen.

Marzipan als Überzug

Zuerst wird der Früchtekuchen mit Aprikotur (s. Tipp) bestrichen, damit die Marzipandecke besser haftet. Danach muss der Kuchen 1–7 Tage trocknen, bevor er seinen endgültigen Überzug bekommt.

Zutaten

* Früchtekuchen (20 cm Ø)
* Aprikotur (s. Tipp)
* Marzipan

Außerdem

* Tortenunterlage
* Puderzucker zum Arbeiten

Auf der Aprikotur haftet das Marzipan besser.

MARZIPAN-ÜBERZUG

Torten formen **S. 65**
Mehrstöckige Torten **S. 68**
Torten mit Säulen **S. 69**
Asymmetrische Torten
S. 70–71

1 Den Kuchen auf der Unterlage mit dem Backpinsel rundum mit Aprikotur einstreichen.

2 Das Marzipan auf Puderzucker 1 cm dick zu einem Kreis (40 cm Ø) ausrollen.

3 Die Marzipandecke vorsichtig anheben und mittig auf den Kuchen legen. Die Oberfläche mit den Fingern glatt streichen. Den Rand nach unten streichen und andrücken. Etwaige Risse mit Marzipan füllen. Die Decke mit den Finger glätten. Überstehendes Marzipan abschneiden.

Schokolade

Schokolade lässt sich vielseitig zum Dekorieren von Torten einsetzen. Sie ist allerdings manchmal launisch. Folgen Sie daher immer genau den Rezepten und Anleitungen.

Ganache zubereiten

Die Zubereitung ist denkbar einfach: Schokolade in Sahne schmelzen lassen und dann gut verrühren. Ganache wird warm über Torten gegossen oder abgekühlt mit einer Palette darauf verteilt.

 ZUBEREITUNG 5 Min.

 GAREN 5 Min.

 ERGIBT 400 g

Zutaten

* 200 g Sahne
* 200 g hochwertige Zartbitterschokolade, gehackt

Variante

Mit weißer oder Milchschokolade kann eine süßere Ganache zubereitet werden. Es dauert etwas länger, bis sie fest wird. Ganache kann gekühlt als Füllung für Trüffel verwendet, luftig aufgeschlagen oder unter Buttercreme gemischt werden.

1 Schokolade und Sahne in einen mittelgroßen Topf geben. Bei schwacher Hitze unter Rühren erwärmen, bis die Schokolade geschmolzen ist.

2 Die Masse vom Herd nehmen und in eine hitzebeständige Schüssel gießen. Mit dem Schneebesen verrühren, bis die Masse dick ist und seidig glänzt. Die Ganache sofort über eine Torte gießen oder 1–2 Stunden abkühlen lassen und mit der Palette auftragen.

Geschmolzene Schokolade ist die Grundlage von Glasuren, gegossenen Dekorationen und anderen Verzierungen.

Tipp

Für eine besonders glatte Oberfläche die Palette in heißes Wasser tauchen, sorgfältig trocknen und dann über die Ganache-Schicht streichen. Die Kombination von weißer und Zartbitter-Ganache ergibt einen Marmor-Effekt auf der Torte.

Ganache als Überzug

Ganache ist eine feine Alternative zu Buttercreme, denn sie ist weniger süß. Sie wird warm über die Torte gegossen oder abgekühlt mit der Palette aufgetragen.

 ZUBEREITUNG 20 Min.

Zutaten

* 2 Kuchenböden (s. S. 29)
* 1 Rezept Ganache (s. S. 38)

Außerdem

* Tortenunterlage
* Tortendrehplatte

GANACHE-ÜBERZUG

Torten formen **S. 65**

Mehrstöckige Torten **S. 68**

Torten mit Säulen **S. 69**

Blüten und Blumen anbringen **S. 160–161**

1 Einen Kuchenboden samt Tortenunterlage auf die Drehplatte stellen. Eine großzügige Portion weiche Ganache mit einer Palette darauf verstreichen. Den zweiten Kuchenboden daraufsetzen.

2 Eine weitere Portion Ganache auf die Torte geben und gleichmäßig verstreichen. Wieder etwas Ganache daraufgeben und den Rand einstreichen. Die Palette flach am Rand anlegen, die Torte drehen und den Rand so glätten. Fortfahren, bis die Oberfläche glatt ist (s. S. 31).

Schokolade schmelzen und temperieren

Damit geschmolzene Schokolade beim Herstellen von Dekorationen (s. S. 120–123 und Variante rechte Seite) wieder richtig hart wird und schön glänzt, muss sie temperiert werden. Unser Rezept reicht zum Umhüllen einer Torte oder zum Füllen von drei großen Formen.

 ZUBEREITUNG 5 Min., plus Abkühlen

 GAREN 10 Min.

 ERGIBT 500 g

Zutaten

* 500 g hochwertige weiße, Milch- oder Zartbitterschokolade

Außerdem

* Zuckerthermometer

Damit die Schokolade glänzt.

TEMPERIERTE SCHOKOLADE

Formen gießen **S. 60**

Schokolade zuschneiden **S. 61**

Schokolade aufspritzen **S. 85**

1 Die Schokolade in kleine Stücke brechen und in eine hitzebeständige Schüssel geben. In einem Topf Wasser zum Sieden bringen.

2 Die Schüssel auf den Topf stellen, sodass am Rand keine Lücken sind. Der Schüsselboden darf das Wasser nicht berühren.

3 Auf 45 °C erhitzen (mit dem Zuckerthermometer prüfen) und regelmäßig umrühren, damit sich die Hitze gleichmäßig verteilt.

4 Die Schüssel vom Wasserbad nehmen und die Schokolade auf 27 °C abkühlen lassen. Dabei häufig umrühren.

In der Mikrowelle

Für diese schnelle Methode brauchen Sie Übung, denn die Hitze lässt sich weniger gut kontrollieren. Überprüfen Sie die Temperatur regelmäßig mit einem Zuckerthermometer wie auch bei der traditionellen Methode. Wird die Schokolade nämlich zu heiß, sieht sie nach dem Erstarren grau und streifig aus.

ZUBEREITUNG 5 Min., plus Abkühlen

GAREN 5 Min.

ERGIBT 500 g

Zutaten

* 500 g hochwertige weiße, Milch- oder Zartbitterschokolade

Außerdem

* Zuckerthermometer

Variante

Für ein Schokoladenband um eine Torte temperierte Schokolade auf einen Streifen Azetatfolie (breiter als die Torte und länger als ihr Umfang) streichen. Um die Torte wickeln und die Schokolade fest werden lassen. Die Folie dann entfernen.

1 Die Schokolade in Stücke brechen und in eine mikrowellengeeignete Schüssel geben. In der Mikrowelle bei höchster Stufe 30 Sekunden erhitzen. Umrühren und die Schokolade dann in Intervallen von 15 Sekunden weiter erhitzen, bis sie geschmolzen ist.

2 Die Temperatur kontrollieren und die Schokolade in Intervallen von 15 Sekunden weiter auf 45 °C erhitzen. Die Schokolade aus der Mikrowelle nehmen und auf 27 °C abkühlen lassen. Dabei häufig umrühren. Die Schokolade bei dieser Temperatur verarbeiten. Eventuell wieder leicht erwärmen.

Schokoladenröllchen

Schokoröllchen können Sie ganz einfach aus geschmolzener Schokolade herstellen. Schönere Resultate erzielen Sie jedoch mit temperierter Schokolade (s. S. 40–41). Die Stabilität der Röllchen lässt sich durch den Druck beim Abschaben variieren: Je dicker, desto stabiler.

 ZUBEREITUNG 10 Min., plus Abkühlen

 GAREN 10 Min.

 ERGIBT 12–24 Röllchen

Zutaten

* 200 g hochwertige weiße, Milch- oder Zartbitterschokolade, geschmolzen und temperiert (s. S. 40–41)

Außerdem

* Teigkarte oder Metallspachtel (nach Wunsch)

Tipp

Schokoladenlocken können Sie einfach mit einem Sparschäler von einer Tafel Schokolade abschaben. Mit einem Käsehobel entstehen größere Stücke. Für diese Technik eignen sich weiße und Milchschokolade besonders gut, da sie weicher sind.

1 Die Schokolade auf einem mit Backpapier belegten Backblech verstreichen. Kühlen, bis sie gerade eben erstarrt ist.

Für feine Röllchen eine Messerklinge über die Schokolade ziehen und Röllchen abschaben. Dabei zum Körper hin arbeiten.

Für größere Röllchen die Teigkarte in die Schokolade und vom Körper weg drücken. Zu harte Schokolade leicht erwärmen.

2 Mit einem Holzstäbchen abheben, um Fingerabdrücke und das Schmelzen der Schokolade zu vermeiden. Kühl aufbewahren.

Schokoladenblätter

Für plastisch wirkende Blätter aus Schokolade streicht man geschmolzene Schokolade mit dem Pinsel auf frische Blätter aus dem Garten. Natürlich müssen die Blätter von ungiftigen Pflanzen stammen und dürfen nicht gespritzt sein. Vor der Verwendung werden sie sorgfältig gewaschen und getrocknet.

 ZUBEREITUNG 10 Min., plus Abkühlen

 GAREN 10 Min.

 ERGIBT 12 große oder 24 kleine Blätter

Zutaten

* 200 g hochwertige weiße, Milch- oder Zartbitterschokolade
* 12 große oder 24 kleine frische, ungespritzte Blätter
* Eiweißspritzglasur oder essbarer Klebstoff

Variante

Für Schokoladenzigaretten temperierte Schokolade dünn auf quadratische Stücke Azetatfolie streichen. Dabei an einer Seite 5 mm Rand lassen. Die Folien aufrollen und mit Klebeband fixieren. 15 Minuten tiefkühlen, dann die Folien ablösen.

1 Die Schokolade schmelzen und temperieren (s. S. 40–41). Die flüssige Schokolade mit einem Backpinsel nacheinander gleichmäßig auf die Blätter auftragen. Auf einem Teller oder Backpapier abkühlen und fest werden lassen. Für dickere Blätter mehrere Schichten Schokolade auftragen.

2 Wenn die Schokolade erstarrt ist, die Stiele zurückbiegen und die frischen Blätter behutsam von der Schokolade abziehen. Die Schokoladenblätter nach Wunsch mit einem Tropfen geschmolzener Schokolade, Eiweißspritzglasur oder essbarem Klebstoff als Dekoration auf Torten befestigen.

Schokoladen-Modelliermasse

Aus diesem formbaren Medium lassen sich wunderbar Skulpturen, Schleifen, Girlanden und Figuren formen. Im Gegensatz zu temperierter Schokolade erstarrt die Masse nicht nur, sondern trocknet auch stark aus und schmilzt nicht so leicht. Zum Überziehen von Torten ist die Masse allerdings zu starr.

 ZUBEREITUNG 15 Min., plus Härten   **GAREN** 10 Min.   **ERGIBT** 450 g

Zutaten

* 400 g weiße, Milch- oder Zartbitterschokolade
* 200 g Golden Syrup

Schokolade für dekorative Elemente

SCHOKOLADEN-MODELLIER-MASSE
Blüten modellieren **S. 88-89**
Figuren modellieren **S. 92**
Verzierungen modellieren **S. 96**
Rollschneider verwenden **S.118**
Silikonformen verwenden **S.120**

1 Die Schokolade in einer hitzebeständigen Schüssel über dem heißen Wasserbad schmelzen lassen. Den Sirup in einem kleinen Topf oder in der Mikrowelle erwärmen, bis er dünnflüssig ist. Zur geschmolzenen Schokolade gießen und diese vom Wasserbad nehmen.

2 Schokolade und Sirup vermischen, bis die Masse glatt ist und sich vom Schüsselrand löst. Dauert es sehr lang, bis sich Schokolade und Sirup verbinden, noch etwas Sirup untermischen. (Die Sirupmenge ist abhängig von den Kakaobestandteilen der Schokolade).

3 Die Masse aus der Schüssel auf Frischhaltefolie stürzen und sorgfältig darin einwickeln. 2–3 Stunden fest werden lassen. Die Modelliermasse darf nicht mit Wasser in Berührung kommen, da sich sonst Flecken an der Oberfläche bilden.

Tipp

Gut verpackt ist die Modelliermasse im Kühlschrank mehrere Wochen haltbar – solange keine Feuchtigkeit darankommt. Kleinere Risse in der gekühlten Masse verschwinden, wenn sie gut durchgeknetet wird und leicht aufwärmt.

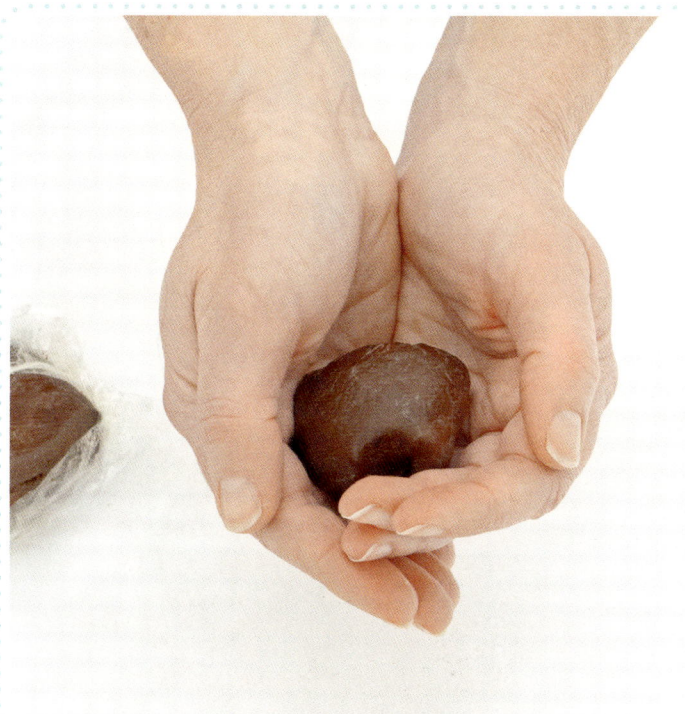

4 Von der erstarrten Masse eine Portion abbrechen und mit der Hand durchkneten, bis sie formbar ist. Die formbare Masse dann in Silikonformen füllen (s. S. 120) oder zum Modellieren von Figuren, Blüten und Girlanden verwenden. Wird die Masse während des Formens zu hart, erneut durchkneten und so wieder geschmeidig machen.

Schokoladen-Modelliermasse *eignet sich hervorragend zum Formen von Bändern und Schleifen (s. S. 96).*

Fondant

Fondant, auch Zuckerpaste genannt, ist enorm vielseitig: Er wird zum Überziehen von Torten und Tortenplatten verwendet, kann eingefärbt, aromatisiert, zugeschnitten und geprägt werden. Auch Dekorationen lassen sich daraus modellieren.

Klassischer Fondant

Dieses Grundrezept eignet sich für alle Fondant-Kreationen. In Frischhaltefolie gewickelt und in einem luftdicht schließenden Behälter verpackt, ist die Masse mehrere Wochen haltbar.

 ZUBEREITUNG 20 Min.

 ERGIBT 1 kg

Zutaten

* 2 Blatt weiße Gelatine
* 120 ml Glukosesirup
* 1 EL Glyzerin
* 1 kg Puderzucker, plus mehr zum Arbeiten
* Speisefarben-Paste

Tipp

Fondant kann mit natürlichen Extrakten, Ölen und Pulvern aromatisiert werden. Das Aroma tröpfchenweise zufügen und durch Kneten gleichmäßig im Fondant verteilen. In Frischhaltefolie wickeln und 30 Minuten ziehen lassen.

1 Die Gelatine etwa 10 Minuten in kaltem Wasser einweichen. Die Blätter dann gut ausdrücken und nacheinander in 60 ml warmem Wasser auflösen. Glukosesirup und Glyzerin sorgfältig einrühren, dann beiseitestellen.

2 Den Puderzucker in eine große Schüssel sieben und eine Mulde in die Mitte drücken. Die Gelatinemischung langsam unter Rühren hineingießen. Weiterrühren, bis sich alle Zutaten verbunden haben. Die Masse zu einer Kugel formen.

Fondant ist ein Allrounder. Er kann zum Überziehen von Torten und zum Modellieren verschiedener Dekorationen verwendet werden.

Variante

Marshmallow-Fondant ist noch besser formbar. Dafür 500 g Mini-Marshmallows in der Mikrowelle schmelzen. 1 kg Puderzucker unterrühren und alles auf der leicht gefetteten Arbeitsfläche zu einer glatten Masse verkneten.

3 Die Arbeitsfläche leicht mit Puderzucker bestäuben. Den Fondant darauf mit den Händen durchkneten, bis eine glatte, geschmeidige Masse entstanden ist. Ist der Fondant zu trocken, ein paar Tropfen Wasser zufügen, ist er zu klebrig, noch etwas Puderzucker unterkneten. Sobald der Fondant die richtige Konsistenz hat, diesen je nach Rezept weiterverarbeiten. Reste sorgfältig in Frischhaltefolie wickeln und aufbewahren. Torten mit Fondant-Überzug einige Zeit stehen lassen, bis sich eine dünne Kruste bildet. Aus Fondant modellierte Dekorationen vollständig trocknen lassen. Je nach Luftfeuchtigkeit der Umgebung kann das einige Tage dauern.

4 Zum Einfärben den Fondant flach drücken und mit einem Zahnstocher einen Tropfen Speisefarben-Paste daraufgeben. Den Fondant darüber zusammenklappen und durchkneten, bis sich die Farbe gleichmäßig verteilt hat. Zum Marmorieren vor dem Ausrollen die gewünschte Farbe nur kurz unter den Fondant kneten. Wird der Fondant zu stark geknetet, geht der Marmor-Effekt verloren.

Fondant-Formen erhalten mit Strukturfolie oder speziellen Ausstechern eine Oberflächenstruktur (s. S. 104–105).

Strukturmatten verwenden

Mit Strukturmatten können Sie ganz einfach Muster in ausgerollten Fondant prägen. Handtaschen-Torten bekommen so bespielsweise eine Leder-Optik. Einige Strukturmatten haben zusätzlich Löcher oder Lücken und lassen sich gleichzeitig als Schablonen verwenden.

Zutaten

* 1 kg Fondant (s. S. 46)

Außerdem

* Puderzucker zum Arbeiten
* Silikon-Ausrollstab
* Kokosfett zum Arbeiten
* Strukturmatte

Eine einfache Methode, um Fondant zu prägen.

STRUKTURMATTEN

Torten formen **S. 65**

Asymmetrische Torten **S. 70–71**

Speisefarbe verdünnen **S. 146**

1 Die Arbeitsfläche mit Puderzucker bestäuben, den Ausrollstab leicht fetten. Den Fondant 5 mm dick ausrollen.

2 Die Strukturmatte leicht fetten, die gefettete Seite auf den Fondant legen. Den Ausrollstab gleichmäßig darüberrollen.

3 Die Matte abheben. Den Fondant vorsichtig auf die Torte legen und mit beiden Händen sanft andrücken, ohne das Muster zu beschädigen. Auf diese Weise kann auch Fondant als Überzug für eine Tortenplatte geprägt werden.

Strukturrollen verwenden

Der Fachhandel bietet eine breite Palette von Strukturrollen mit unterschiedlichen Mustern. Damit lassen sich Details in Fondant prägen. Schon ein filigranes Muster auf der Oberfläche verändert den Charakter einer Torte.

Zutaten

* 1 kg Fondant (s. S. 46)

Außerdem

* Silikon-Ausrollstab
* Puderzucker zum Arbeiten
* Strukturrolle
* Kokosfett oder Speisestärke zum Arbeiten

Filigrane Muster in Fondant-Oberflächen prägen.

Tipp

Strukturrollen eignen sich besonders zum Prägen von Mustern in kleinere Dekorationen oder nur in einen Teil der Oberfläche einer Torte. Die Rolle nicht mit Puderzucker bestäuben, das kann zu Rissen im Fondant führen.

1 Den Fondant wie links beschrieben (Schritt 1) auf Puderzucker – jedoch etwas dicker – ausrollen. Die Strukturrolle leicht fetten oder dünn mit Speisestärke bestäuben. Überschüssige Stärke sorgfältig abbürsten. Bereits kleine Reste können das Muster ruinieren.

2 Die Strukturrolle an der Seite auf den Fondant legen, die dem Körper am nächsten liegt. Mit gleichmäßigem Druck vom Körper weg zur gegenüberliegenden Seite des Fondants rollen. Ist die Strukturrolle kürzer als der Fondant breit, erneut ansetzen und dabei die geprägte Fläche um 3 mm überlappen.

Torte mit Fondant überziehen

Mit Buttercreme oder Marzipan überzogene Torten werden häufig zusätzlich mit Fondant eingedeckt. Marzipan muss dafür leicht mit Wasser oder Weinbrand angefeuchtet werden, damit der Fondant haftet. Zwischen Untergrund und Fondant dürfen keine Luftbläschen zurückbleiben.

Zutaten

* 1 kg Fondant (s. S. 46)
* Torte mit Buttercreme-Überzug (23 cm Ø, s. S. 29), auf einer Tortenunterlage

Außerdem

* Puderzucker zum Arbeiten
* Silikon-Ausrollstab
* Tortenglätter

Luftbläschen unter dem Fondant vermeiden.

Variante

Kleine Törtchen werden ebenso überzogen wie große Torten. Der Fondant wird jedoch nur 2–3 mm dick ausgerollt (statt 4–5 mm bei Torten). Für Cupcakes Kreise mit dem Durchmesser der Oberfläche ausschneiden und auflegen.

1 Die Arbeitsfläche mit Puderzucker bestäuben. Den Fondant durchkneten und kreisförmig ausrollen (5 cm größer als die Torte).

2 Den Fondant mithilfe des Ausrollstabs über die Torte legen. Oberfläche und Rand mit den Händen glatt streichen.

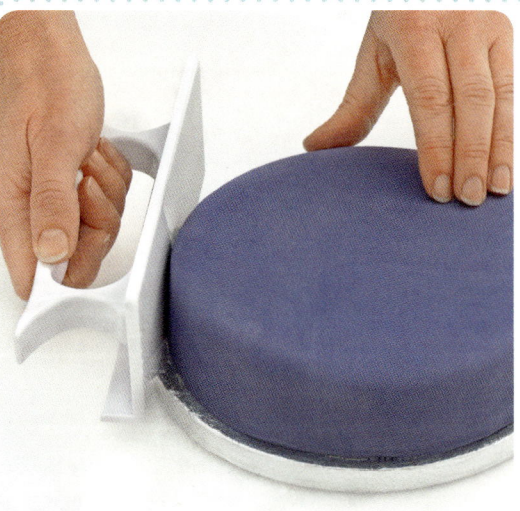

3 Unten überstehenden Fondant abschneiden. Den Tortenglätter sanft und gleichmäßig auf Oberfläche und Rand der Torte drücken, bis sie ganz glatt ist. Werden gleichzeitig zwei Tortenglätter verwendet – einer auf der Oberfläche, der zweite am Rand – kann eine scharfe Kante geformt werden.

Tortenplatte überziehen

Wählen Sie dafür Fondant in einer passenden oder kontrastierenden Farbe. Der Fondant muss über Nacht antrocknen, danach können Sie ihn nach Belieben verzieren, kolorieren oder Muster in die Oberfläche prägen (s. S. 48–49).

Zutaten

* 1 kg gestärkter Fondant (s. S. 87)
* 1 Prise Tylose-Pulver

Außerdem

* Puderzucker zum Arbeiten
* Silikon-Ausrollstab
* Tortenplatte
* Tortenglätter
* Satinband

Den Fondant sorgfältig glätten.

Tipp

Damit der Fondant-Überzug nicht leidet, für die Torte eine Tortenunterlage mit gleichem Durchmesser wählen. Etwas Wasser oder essbaren Klebstoff auf die Mitte der überzogenen Tortenplatte geben und die Torte daraufsetzen.

1 Die Arbeitsfläche mit Puderzucker bestäuben. Den Fondant darauf 2 mm dick zu einem Kreis (30 cm Ø) ausrollen.

2 Das Tylose-Pulver mit 2 EL kaltem Wasser verrühren, bis es sich aufgelöst hat. Die Tortenplatte damit bepinseln.

3 Den Fondant vorsichtig auf die Tortenplatte legen. Mit dem Tortenglätter von der Mitte nach außen andrücken und so eventuelle Luftbläschen entfernen. Am Rand ebenfalls andrücken. Überstehenden Fondant mit einem scharfen Messer abschneiden. Zuletzt das Satinband um den Rand legen.

Blütenpaste

Aus dieser Modelliermasse können Sie zarte Blüten und viele andere Dekorationen formen. In trockenem Zustand ist sie sehr hart. Daher wird sie selten verzehrt, obwohl sie natürlich essbar ist. Die Paste wird wie Fondant eingefärbt.

 ZUBEREITUNG 30 Min., plus Quellen und Kühlen

 ERGIBT 500 g

Zutaten

* 2 TL Gelatinepulver, 30 Min. in 5 TL warmem Wasser eingeweicht
* 2 TL Kokosfett
* 2 TL Glukosesirup
* 500 g Puderzucker, gesiebt, plus mehr zum Arbeiten
* 4 TL Tylose-Pulver
* 1 Eiweiß
* Speisefarben-Paste (nach Wunsch)

Tipp

Bewahren Sie Blütenpaste immer in einem luftdicht schlie-ßenden Behälter auf. Ist die Paste zu klebrig, noch etwas Kokosfett unterkneten, bis sie geschmeidig ist. Zu feste Paste lockert man mit zusätzlichem Eischnee.

1 Eingeweichte Gelatine, Kokos-fett und Glukosesirup unter Rühren schwach erhitzen, bis eine klare Flüssigkeit entstanden ist.

2 Gelatinemischung mit Puder-zucker, Tylose und Eiweiß mit dem Rührgerät bei hoher Geschwindigkeit aufschlagen.

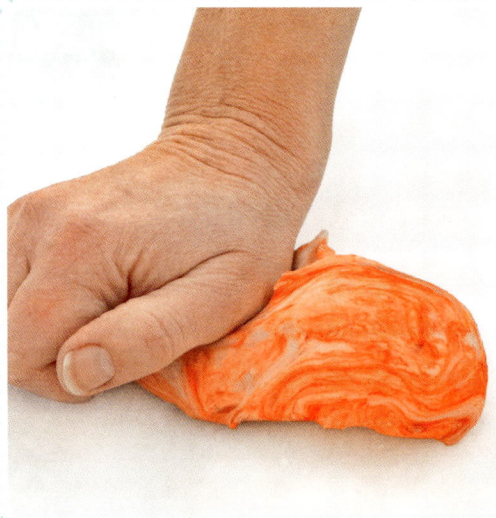

3 So lange aufschla-gen, bis eine steife, weiße Masse entsteht. Diese 24–48 Std. im Kühlschrank ruhen lassen. Die Masse danach auf der mit Puderzucker bestäub-ten Arbeitsfläche durchkneten, bis sie glatt und geschmeidig ist. Die Blütenpaste nach Wunsch mit Speisefarbe einfärben (s. S. 47).

Mexikanische Blütenpaste

Diese weiche Paste eignet sich hervorragend zum Ausstechen oder Modellieren von Formen (s. S. 116–117). Sie ist nicht zu elastisch und läuft nicht auseinander. Das Unterkneten des Puderzuckers erfordert Zeit, aber die Mühe lohnt sich.

 ZUBEREITUNG 30 Min., plus Kühlen

 ERGIBT 200 g

Zutaten

* ✳ 200 g Puderzucker, gesiebt, plus mehr zum Arbeiten
* ✳ 3 TL Tylose-Pulver
* ✳ Kokosfett zum Arbeiten
* ✳ Speisefarben-Paste (nach Wunsch)

1 Puderzucker und Tylose-Pulver in einer Schüssel mischen. 2 EL kaltes Wasser zugeben und alles zu einer Masse verrühren.

2 Die Masse auf der mit Puderzucker bestäubten Arbeitsfläche kneten, bis eine glatte, feste Kugel entsteht.

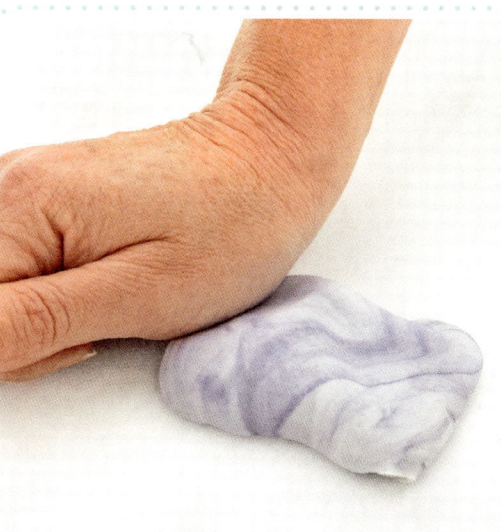

Tipp
Bestäuben Sie die Arbeitsfläche bei der Zubereitung von Modelliermassen nicht mit Speisestärke! Die Masse wird sonst zu fest. Fertige Modelliermasse dagegen kann auf Stärke ausgerollt werden, am besten verwenden Sie aber Kokosfett.

3 Die Kugel in Frischhaltefolie wickeln und 24 Std. im Kühlschrank ruhen lassen. Die Masse nochmals auf der mit Puderzucker bestäubten oder mit Kokosfett gefetteten Arbeitsfläche durchkneten, bis sie glatt und geschmeidig ist. Die Blütenpaste nach Wunsch mit Speisefarbe einfärben (s. S. 47). Alternativ die fertigen Dekorationen kolorieren.

GRUND-TECHNIKEN

Sie möchten Ihre Torte mit glitzernden Schmetterlingen, Blüten-Gestecken, handmodellierten Figuren oder Spritzglasur verzieren? Hier zeigen wir Ihnen, wie das geht.

3-D-KREATIONEN

Mit etwas Fantasie und der richtigen Technik können Sie eindrucksvolle Motivtorten und dreidimensionale Dekorationen herstellen. Auf den folgenden Seiten erfahren Sie, wie man ausgefallene Formen aus Puffreis und stabile Gebilde aus Lebkuchen, Fondant oder Schokolade sowie mehrstöckige Torten aufbaut.

Schablonen entwerfen

Damit Ihre dreidimensionale Kreation auch gelingt, brauchen Sie eine gute Schablone. An ihr orientieren Sie sich beim Zuschneiden von Fondant, Schokolade oder Modelliermasse. Schablonen werden auf Millimeterpapier vorskizziert oder direkt auf Backpapier gezeichnet.

Sie brauchen

* Millimeterpapier
* Pappkarton

Schablonen selbst anfertigen.

1 Die Umrisse der gewünschten Form (z. B. einer Handtasche) auf Millimeterpapier skizzieren. Die Linien mit einem Lineal gerade und symmetrisch nachziehen. Die Umrisse auf Backpapier übertragen und ausschneiden. Die Schablone vor der Verwendung leicht mit Speisestärke bestäuben, damit sie nicht festklebt.

2 Prüfen, ob die Schablone akkurat passt. Dafür alle Formen aus Pappkarton ausschneiden und zusammenkleben. Dieses Musterstück dient später auch als Stütze beim Trocknen der Torte.

Tipp

Mit Schablonen können Sie auch Kuchenböden in Form schneiden. So lassen sich z. B. dreidimensionale Weihnachtsbäume, Zeichentrickfiguren oder Tiere formen. Die verbliebenen Kuchenreste füllen später eventuelle Lücken.

Puffreis formen

Aus Puffreis lassen sich wunderbar dreidimensionale Modelle herstellen. Die Masse ist formbar und krümelt kaum, sodass Sie auch komplexe Entwürfe umsetzen können. Halten Sie beim Modellieren das jeweilige Objekt oder eine Abbildung davon zur Orientierung bereit.

Zutaten

* ❋ 50 g weiche Butter
* ❋ 200 g Mini-Marshmallows
* ❋ ½ Päckchen Vanillezucker
* ❋ 150 g Puffreis
* ❋ Puderzucker zum Arbeiten
* ❋ Buttercreme (s. S. 24–25)
* ❋ Fondant (s. S. 46–47),
  5 mm dick ausgerollt

Variante

Die Puffreismasse können Sie auch direkt in mit Speisestärke oder Puderzucker bestäubte Formen drücken und im Kühlschrank fest werden lassen. Danach aus den Formen lösen und mit Fondant überziehen (s. Schritt 6).

1 Die Butter in einem großen Topf bei mittlerer Hitze schmelzen lassen. Die Marshmallows zugeben und 3 Minuten unter Rühren erhitzen, bis sie schmelzen. Den Vanillezucker einrühren. Vom Herd nehmen und den Puffreis gut untermischen. Die Masse in eine Schüssel füllen und etwa 1 Stunde kühl stellen, bis sie fest ist.

2 Aus der Puffreismasse mit einem scharfen Messer die gewünschte Form zuerst nur grob ausschneiden. Danach die genauen Details modellieren. Die Puffreismasse bei Bedarf in der Mikrowelle kurz erwärmen. Dadurch wird sie wieder weicher und leichter formbar.

3 Alternativ die Puffreismasse in den mit Puder-zucker bestäubten Händen erwärmen und dann formen. Je kompakter die Masse dabei zusammenge-drückt wird, desto stabiler ist die fertige Figur.

4 Details wie Ohren, Gliedmaßen und andere kleine Elemente separat modellieren und dann an die Figur drücken. Die Elemente bei Bedarf mit Zahnsto-chern befestigen.

5 Die fertig modellierte Figur mindestens 1 Stunde kühlen, bis sie fest ist. Etwas Buttercreme leicht erwärmen und die Figur rundum damit bepinseln. So haftet der Fondant besser.

6 Den ausgerollten Fondant über die Figur legen und rundum vorsichtig andrücken. Darauf nach Wunsch noch weitere Fondant-Elemente mit etwas Wasser anbringen.

Formen aus Schokolade gießen

Mit Kunststoffformen können Sie dreidimensionale Formen ganz einfach aus temperierter Schokolade gießen. Für diesen Zweck gibt es sogar spezielle Formen-Sets mit mehreren Bestandteilen, die Sie dann nur noch zusammensetzen müssen.

Zutaten

* weiße, Milch- oder Zartbitterschokolade, temperiert (s. S. 40–41)

Außerdem

* Kunststoffform
* Baumwollhandschuhe

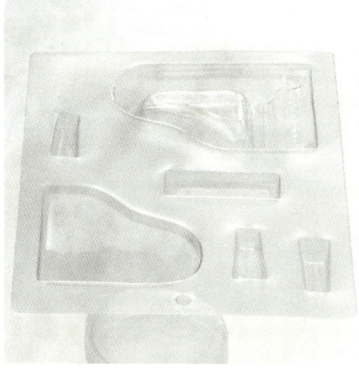

1 Die Form mit Watte polieren. Dann auf ein Backblech oder Tablett legen und auf eine ebene Arbeitsfläche stellen.

2 Die Schokolade mit einem Löffel gleichmäßig in den Vertiefungen der Form verteilen. Dabei auch die Ecken ausfüllen.

Tipp

Die Schoko-Elemente bis zum Servieren auf oder neben der Torte kühlen. Flecken auf der Oberfläche lassen sich vermeiden, wenn Sie die Elemente mit einer feinen Schicht aus essbarem Lack überziehen.

3 Leicht gegen die Form klopfen und so Luftbläschen entfernen. 20 Minuten kühlen und die Schoko-Elemente herauslösen.

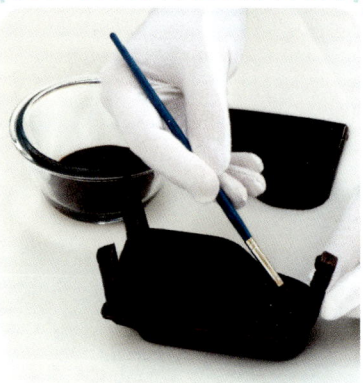

4 Mit Handschuhen überstehende Schokolade abschneiden. Die Elemente mit geschmolzener Schokolade verbinden.

Schokolade zuschneiden

Auch aus einer gleichmäßigen Schicht Schokolade können Sie – mit oder ohne Schablone – Formen ausschneiden und dann zu dreidimensionalen Gebilden zusammenfügen. Besonders akkurat lässt sich Schokolade mit einem erwärmten, scharfen Messer schneiden.

Zutaten

* weiße, Milch- oder Zart-bitterschokolade, tempe-riert (s. S. 40–41)

Außerdem

* Azetatfolie
* Schablonen aus Back-papier oder Pappkarton

Formen aus einer Schokoschicht schneiden.

Variante

Schokoladenformen können auch gebogen werden. Dafür die noch nicht ganz feste Schokolade mit einer weiteren Azetatfolie abdecken und über eine Rundung, z. B. eine Schüssel, legen. So wird sie mit der gewünschten Biegung fest.

1 Ein Backblech mit Azetatfolie belegen. Aus Backpapier Schablonen ausschneiden (s. S. 57).

2 Die Schokolade mit einer Palette in der gewünschten Dicke gleichmäßig auf der Folie verstreichen. 15 Minuten kühlen.

3 Die Umrisse der Formen entlang der Schablonen mit einem Messer tief in der Schoko-lade markieren. Kühlen.

4 Wenn die Schokolade fest ist, ein Messer in heißem Wasser erwärmen, abtrocknen und die Formen ausschneiden.

Konstruktionen aus Fondant

Gebäude, Steine und andere dreidimensionale Formen wie dieses Boot gelingen am besten mit gestärktem Fondant (s. S. 87). Die einzelnen Teile werden mit Schablonen zugeschnitten und mit essbarem Klebstoff zusammengesetzt.

Zutaten
* gestärkter Fondant (s. S. 87)
* essbarer Klebstoff

Außerdem
* Speisestärke zum Arbeiten
* Schablonen aus Backpapier oder Pappkarton
* Pappschachtel zum Stabilisieren

Den Fondant nach Belieben formen.

Tipp
Hohe Konstruktionen müssen gestützt werden. Dafür Cake-Pop-Stiele, Holzspieße oder lebensmittelechten Draht in den Fondant stecken. Arbeiten Sie zügig, denn gestärkter Fondant trocknet sehr schnell.

1 Den Fondant auf der mit Stärke bestäubten Arbeitsfläche in der gewünschten Dicke ausrollen. Je dicker, desto stabiler.

2 Die Schablonen auflegen und die gewünschten Formen ausschneiden (s. S. 57). Eine Grundplatte nicht vergessen.

3 Auf Backpapier oder mit Stärke bestäubten, gebogenen Oberflächen 2–3 Tage trocknen lassen, bis der Fondant hart ist.

4 Nach Wunsch vorsichtig Dekorationen auf die getrockneten Teile spritzen oder zeichnen. Dann zusammensetzen.

5 Die Teile mit einem sauberen Zeichenpinsel mit essbarem Klebstoff oder etwas Wasser bestreichen und zusammensetzen. Andrücken, bis die Teile stabil zusammenhalten.

Variante

Für Steine oder Ornamente (s. S. 120–123) gestärkten Fondant in Kunststoffformen drücken. Die getrockneten Elemente stapeln und so ein dreidimensionales Gebilde errichten. Vorsicht bei feinen Konstruktionen: Sie brechen leicht.

6 Die Konstruktion von innen stützen, während der Klebstoff trocknet. Konstruktionen wie dieses Boot können dabei mit einer kleinen Pappschachtel stabilisiert werden. Für Häuschen, Erker oder Kuppeln aus Fondant eignen sich Schachteln, Boxen oder zylindrische Dosen und Gefäße.

Stabile 3-D-Kreationen

Für sehr komplexe Objekte sollten Sie unbedingt Schablonen verwenden, da die einzelnen Teile sehr akkurat sein müssen. Robuste Massen wie Blütenpaste oder mexikanische Blütenpaste, die beim Trocknen sehr hart werden, eignen sich dafür besonders gut.

Zutaten

* Blütenpaste oder Modelliermasse (s. S. 52–53)
* essbarer Klebstoff

Außerdem

* Speisestärke zum Arbeiten
* Schablonen aus Pappkarton oder Backpapier
* kleine Pappschachtel zum Stabilisieren

Tipp

Solange die Paste noch elastisch ist, können Sie Muster in ihre Oberfläche prägen. Auch eventuelle Unregelmäßigkeiten können jetzt noch entfernt werden. Dekorieren Sie erst weiter, wenn der Kleber getrocknet ist.

1 Die Paste auf der mit Stärke bestäubten Arbeitsfläche ausrollen (für die Schuhsohle etwas dicker). Die Teile ausschneiden.

2 Für einen hochhackigen Schuh die Ferse zum Trocknen auf der mit Folie umwickelten Schachtel stabilisieren.

3 Für alle Teile aus Frischhaltefolie passende Stützen formen. Die Teile darauflegen und über Nacht trocknen lassen.

4 Die Teile mit essbarem Klebstoff zusammensetzen. Jeweils andrücken und trocknen lassen. Dann erst weiterkleben.

Torten formen und überziehen

Aus Schichttorten können Sie ganz verschiedene dreidimensionale Objekte formen, z. B. Handtaschen, Lokomotiven oder, wie hier, eine Gitarre. Am besten gelingen solche Objekte mit kompakten Kuchen wie der Madeira-Torte.

Zutaten

* Buttercreme (s. S. 24–25)
* Madeira-Torte (rund oder quadratisch, s. S. 231), abgekühlt und in mehrere Lagen geschnitten
* Fondant (s. S. 46–47), 5 mm dick ausgerollt

Außerdem

* Schablonen aus Pappkarton oder Backpapier

Tipp

Jede zugeschnittene Torte wird als Grundierung zuerst mit Fondant überzogen (s. Schritt 3). Diese Fondantschicht muss dann erst eine Kruste entwickeln, bevor sie mit weiteren Lagen Fondant überzogen oder dekoriert wird.

1 Die Buttercreme auf den abgekühlten Kuchenböden verteilen und diese aufeinanderschichten. Die Torte 30 Min. tiefkühlen.

2 Die Torte mit einem scharfen Messer grob in die gewünschte Form schneiden. Dann Details herausarbeiten.

3 Die Torte 1 Std. kühlen. Danach die Krume versiegeln (s. S. 29) und die Torte sorgfältig mit Fondant überziehen.

2-D-Formen mit einem scharfen Messer sorgfältig entlang der Schablone ausschneiden. Dann mit Schritt 3 fortfahren.

Lebkuchenhaus bauen

Für ein gelungenes Lebkuchenhaus brauchen Sie den richtigen Teig, genaue Schablonen – und Geduld. Denn Sie müssen die Backzeit genau einhalten und beim Zusammensetzen abwarten, bis die Eiweißspritzglasur getrocknet ist.

Zutaten

* Lebkuchenteig (s. S. 235), 5 mm dick ausgerollt
* Eiweißspritzglasur (s. S. 35) oder Karamell (s. S. 235)

Außerdem

* Schablonen aus Pappe oder Backpapier

Variante

Mit Lebkuchen können Sie auch Bäume, Türme oder Windmühlen bauen. Für zylindrische Formen den warmen Lebkuchen um eine Dose legen. Prüfen Sie vorher jedoch mit einem Modell aus Pappkarton, ob sich Ihre Idee umsetzen lässt.

1 Die Schablonen auf den Lebkuchenteig legen und die Hausteile mit einem Messer sauber ausschneiden.

2 Die Hausteile mit einer Palette vorsichtig auf ein mit Backpapier belegtes Backblech legen. Dabei darauf achten, dass sie flach liegen.

3 Nach Rezeptangaben backen. Danach eventuell unsaubere Ränder mit einem heißen Messer begradigen. Abkühlen lassen.

4 Die abgekühlten Hausteile vor dem Zusammensetzen nach Wunsch mit Fenstern und Türen aus Spritzglasur dekorieren.

5 Das Haus von unten nach oben zusammensetzen. Dabei die Eiweißspritzglasur mit der Palette auftragen.

6 Jede Verbindung gut trocknen lassen. Dann erst das nächste Teil ansetzen. Mit dem Dach abschließen.

Erst wenn alle Verbindungen getrocknet sind, das Dach mit Eiweißspritzglasur verzieren.

Die Teile mit dünnen Schichten Eiweißspritzglasur verbinden. Erst dann eine neue Schicht auftragen, wenn die vorherige getrocknet ist.

Tipp
Lebkuchenhäuser immer auf der Tortenplatte zusammensetzen, auf der sie später präsentiert werden. Bewegt man das fertige Haus, können einzelne Teile verrutschen. Besonders hübsch wird die Deko mit farbiger Eiweißspritzglasur.

Mehrstöckige Torten

Eine leichte Biskuittorte setzt man ohne stützende Elemente auf eine größere Torte. Sollen aber mehr als zwei Schichttorten aufeinandergesetzt werden, muss die Konstruktion mit Dübeln und Tortenplatten gestützt werden, damit sie nicht zusammenfällt.

Zutaten

* Torten in verschiedenen Größen mit Fondant- oder Buttercreme-Überzug
* Eiweißspritzglasur

Außerdem

* Puderzucker zum Arbeiten
* mehrere Tortenplatten, passend zur Größe der Torten
* 7 Dübel
* Drahtzange

Variante

Zum Stabilisieren einen langen Dübel durch alle gestapelten Torten stecken, sodass sie nicht verrutschen können. Damit das problemlos klappt, zu Beginn in die Mitte jeder Tortenplatte ein kleines Loch bohren.

1 Die größte Torte mit Puderzucker bestäuben. Eine Tortenplatte in Größe der kleineren Torte als Umriss daraufdrücken.

2 1 Dübel in die Torte stecken und die Höhe mit einem Messer markieren. Dann alle Dübel mit der Zange auf diese Höhe kürzen.

3 Die Dübel mit 2,5 cm Abstand vom geprägten Umriss in die Torte stecken, bis sie auf die Tortenplatte stoßen.

4 Die kleinere Torte samt Tortenplatte mit Eiweißspritzglasur mittig darauf befestigen. Für weitere Lagen wiederholen.

Torten mit Säulen

Für solide Säulen positionieren Sie Dübel (siehe linke Seite) an den Stellen, wo die Säulen mit Eiweißspritzglasur aufgesetzt werden. Hohle Säulen dagegen befestigen Sie wie nachfolgend beschrieben auf der Torte.

Zutaten

* Torten in verschiedenen Größen mit Fondant- oder Buttercreme-Überzug
* Eiweißspritzglasur

Außerdem

* 6 Dübel
* 6 Säulen
* Drahtzange
* mehrere Tortenplatten, passend zur Größe der Torten
* Spritzbeutel mit kleiner Lochtülle

Tipp

Schnell und einfach lassen sich mehrstöckige Torten mit Säulen mit einem Tortenplatten-Stecksystem aufbauen. Bei diesem System verbindet ein mittig sitzender Stab die einzelnen Platten und stützt die Torten zusätzlich.

1 Auf der unteren Torte mit der Spitze eines Dübels die Punkte markieren, an denen die Säulen stehen sollen.

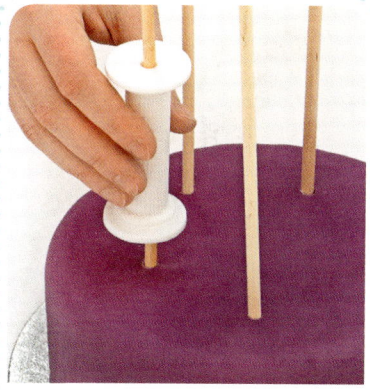

2 In jeden markierten Punkt einen Dübel stecken, bis er auf die Tortenplatte stößt. Eine Säule auf einen Dübel stecken.

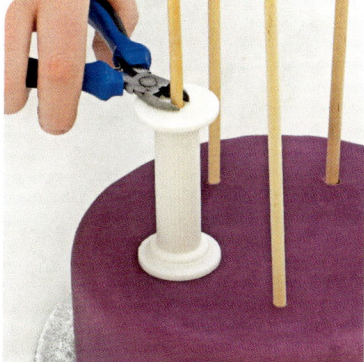

3 Den Dübel am oberen Rand der Säule mit der Drahtzange abschneiden. Die anderen Dübel auf die gleiche Länge kürzen.

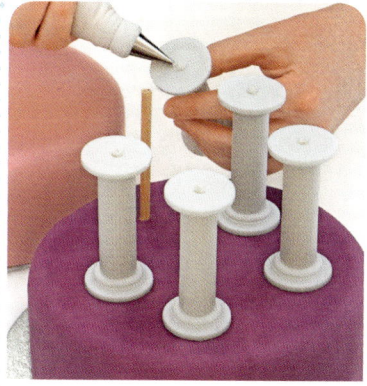

4 Auf die obere Öffnung jeweils etwas Spritzglasur spritzen. Die Säulen auf die Dübel stecken und die kleinere Torte auflegen.

Asymmetrische Torten

Die machen richtig Eindruck, dabei kann man asymmetrische Torten recht einfach aufbauen. Verwenden Sie dafür am besten Kuchenböden mit kompakter Konsistenz. Tiefgekühlt lassen sie sich übrigens wesentlich besser zuschneiden.

Zutaten

* 2 Madeira-Torten oder mehr (s. S. 231 und 248) in unterschiedlichen Größen, geglättet, mit Buttercreme-Füllung und tiefgekühlt
* Buttercreme (s. S. 24–25)
* Fondant (s. S. 46–47)

Außerdem

* 1 Tortenplatte als Grundlage
* 2 weitere Tortenplatten oder mehr, in Größe der einzelnen Lagen, jeweils mit Loch in der Mitte
* Speisestärke zum Arbeiten
* kürzere Dübel (s. S. 68)
* langer, spitzer Holzdübel
* Drahtzange

1 Die größere, fast noch vollständig gefrorene Torte auf die Tortenplatte setzen. Die Oberfläche schräg abschneiden.

2 Die kleinere Torte darauflegen, festhalten und die Oberfläche in entgegengesetztem Winkel abschneiden.

3 Dabei darauf achten, dass die Lagen gleichmäßig sind. Für mehr Lagen nach Wunsch mit weiteren Torten wiederholen.

4 Die Krume aller geschnittenen Torten einzeln versiegeln (s. S. 29). Die Torten dann 30–60 Minuten kühlen.

5 Ein großes Stück Fondant auf der mit Speisestärke
bestäubten Arbeitsfläche ausrollen. Über die unterste
Torte legen und vorsichtig glätten (s. S. 50). Die anderen
Torten ebenso überziehen.

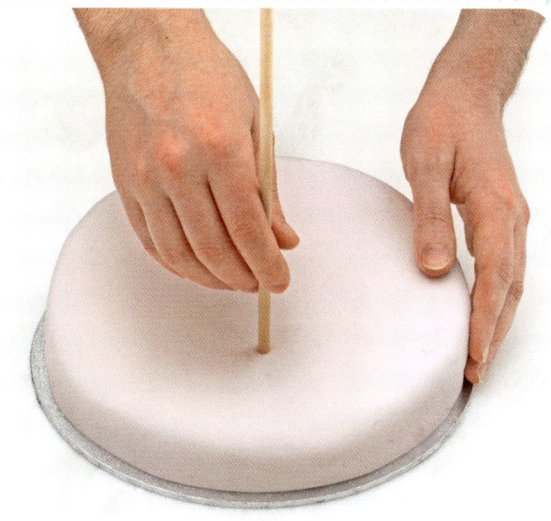

6 Alle Torten – bis auf die oberste – mit Dübeln
stabilisieren (s. S. 68). Die Dübel an der Oberfläche
der Torten mit der Drahtzange abschneiden, sodass sie
nicht überstehen.

7 Etwas Buttercreme auf die Oberfläche der unteren
Lagen geben und die Torten zentriert aufeinandersetzen, damit der lange Dübel genau durch das Mittel-
loch der Tortenplatten passt.

8 Den langen Dübel vorsichtig durch die gestapelten
Torten schieben, bis er auf den Boden der Grundplatte stößt. Das überstehende Stück mit der Drahtzange
abschneiden. Das Loch mit Dekorationen abdecken.

SPRITZDEKOR

Schon ein paar Cremetupfer oder Sahnerosetten machen aus einer schlichten Torte etwas Besonderes. Wer die verschiedenen Spritztechniken beherrscht, kann jede Torte im Handumdrehen sensationell verzieren. In diesem Kapitel erlernen Sie den Umgang mit Spritzbeutel & Co. Und mit etwas Übung gelingen Ihnen bald wunderschöne Dekorationen.

Spritzbeutel drehen

Basteln Sie kleine Spritzbeutel einfach selbst aus einem quadratischen Stück Backpapier. Dann noch die Spitze abschneiden, und schon können Sie feine Linien und Motive auf Ihre Torte spritzen. Wer mag, setzt noch eine Spritztülle (s. S. 20) ein.

Sie brauchen

* quadratisches Stück Backpapier
* Klebeband

Eine kleine Spitze abschneiden und die Glasur fein aufspritzen.

1 Das Backpapier in der Mitte diagonal zu einem Dreieck zusammenfalten. Den Falz sorgfältig glatt streichen.

2 An der Mitte der Längsseite festhalten und eine Ecke nach links eindrehen. Das Papier weiter zu einer Eistüte aufrollen.

3 Das untere Ende (die Spitze) muss geschlossen sein. Das oben überstehende Papierende nach innen umklappen. Von außen mit Klebeband befestigen.

Tipp

Ganz egal, ob Sie mit einem handelsüblich großen Spritzbeutel oder mit einem selbst gebastelten kleinen arbeiten, beide dürfen nicht zu voll gefüllt werden. Sonst fällt es Ihnen schwer, die Masse mit gleichmäßigem Druck herauszuspritzen.

Spritzbeutel füllen

Spritzbeutel dürfen nicht überfüllt werden, aber die Füllung darf darin auch nicht zu locker sein. Sie wird mit der Hand oder der Teigkarte zur Spitze des Beutels geschoben, damit keine Luftblasen im Beutel bleiben.

Zutaten

* Eiweißspritzglasur
  (s. S. 35)

Außerdem

* Spritzbeutel mit Tülle
* Adapter (bei Bedarf)
* Teigkarte (nach Wunsch)

Die Glasur zur Spitze drücken und Luftbläschen so entfernen.

Tipp

Mit einem Spritztüllen-Adapter lassen sich Tüllen einfach wechseln, ohne den Beutel leeren und wieder füllen zu müssen. Sein Schraubstück wird in den Spritzbeutel eingesetzt, danach schraubt man die Tülle von außen daran fest.

1 Den Spritzbeutel mit Tülle und eventuell Adapter ausstatten und aufrecht in ein Glas stellen. Die Glasur einfüllen.

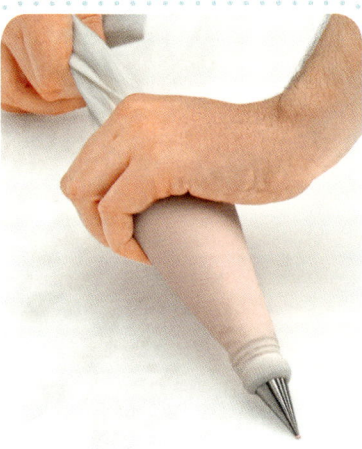

2 Den Beutel aus dem Glas nehmen und auf die Arbeitsfläche legen. Die Glasur mit Hand oder Teigkarte zur Spitze drücken.

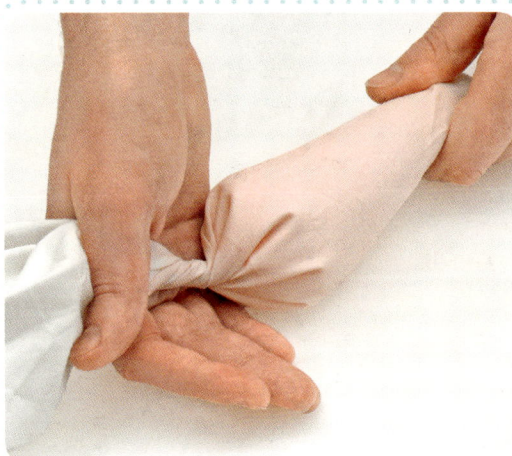

3 Den Beutel über der Füllung verdrehen, sodass die Glasur dicht verschlossen ist und oben nicht herausquillt. Dekorationen aufspritzen wie rechts beschrieben.

Dekorationen aufspritzen

Beim Aufspritzen kontrollieren Sie über den auf den Spritzbeutel ausgeübten Druck, wie viel Glasur aus dem Beutel fließt. Ist die entsprechende Form fertig aufgetragen, stellen Sie den Druck ein und ziehen die Spitze nach oben weg.

Zutaten

* Eiweißspritzglasur (s. S. 35)
* Torte mit Fondant- oder Buttercreme-Überzug

Außerdem

* Spritzbeutel mit Tülle

Den Fluss der Glasur über den Druck kontrollieren.

Tipp

Die Eiweißspritzglasur muss unbedingt die richtige Konsistenz haben. Sie darf weder zu dick noch zu flüssig sein. Ist die Glasur zu dick, wird der Fluss unterbrochen oder die Masse wellt sich beim Austreten. Ist sie zu flüssig, verlaufen die Linien.

1 Den Spritzbeutel mit Glasur füllen wie links beschrieben. Den Beutel dann zwischen Daumen, Zeige- und Mittelfinger der rechten Hand fassen (bei Linkshändern der linken Hand) und mit der anderen Hand stabilisieren. Die Spitze auf die Oberfläche der Torte setzen und vorsichtig auf den Beutel drücken, bis die Glasur herausfließt.

2 Beim Aufspritzen gleichmäßigen Druck ausüben. Ist der Druck zu schwach, werden die Linien zu dünn. Ist er zu stark, ist der Fluss schwer zu kontrollieren. Die Spitze leicht anheben sobald die Glasur die Oberfläche berührt und die Glasur mit etwas Abstand darauffließen lassen. Am Ende einer Linie den Druck einstellen und die Spitze wegziehen.

Buttercreme-Dekor

Buttercreme ist deutlich weicher als Eiweißspritzglasur und kann mit allen Tüllen und in allen Farben auf Torten oder Cupcakes gespritzt werden. Der Stil der Dekoration hängt davon ab, welche Tülle verwendet und wie viel Druck ausgeübt wird.

Muschel-Bordüre

Eine mittelgroße, geöffnete Sterntülle verwenden. Etwas Buttercreme aufspritzen und die Tülle nach vorne unten ziehen. Wiederholen.

Zick-Zack-Bordüre

Dieses Muster wird mit einer geöffneten Sterntülle aufgespritzt und sieht auf der Oberfläche von Torten toll aus.

Wirbel-Bordüre

Mit einer geöffneten Sterntülle eine Reihe miteinander verbundener Schnörkel aufspritzen.

Perlen-Bordüre

Mit einer mittelgroßen Lochtülle Punkte oder Perlen als Reihe nebeneinander spritzen.

Sterne und Stern-Bordüre

Mit einer geöffneten Sterntülle einzelne Sterne (unten) spritzen oder Sterne in eine Reihe dicht nebeneinander setzen.

Blätter

Mit einer speziellen Blatt-Tülle den Körper der Blätter kraus spritzen und gegen Ende in die Länge ziehen, sodass eine Spitze entsteht.

Korbgeflecht-Effekt

Für dieses Flechtmuster eine mittelgroße Sternbandtülle verwenden und über längere Buttercreme-Bänder quer kürzere Abschnitte spritzen.

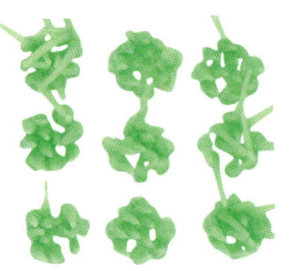

Gras

Mit kleinen Gras- oder Spaghetti-Tüllen Grasbüschel aufspritzen (ebenfalls für Fell oder Haar verwenden).

Längere Grashalme

Längere, etwas breitere Buttercreme-Fäden werden mit mittelgroßen Gras-/Spaghetti-Tüllen gespritzt.

Rosetten-Bordüre

Mit einer mittelgroßen Sterntülle dicht nebeneinander winzige Rosetten spritzen und so eine Bordüre formen. Rosetten können auch einzeln aufgespritzt werden.

Lang gezogene Perlen-Bordüre

Mit mittelgroßer Lochtülle Punkte spritzen, am Ende den Druck leicht reduzieren und die Creme etwas in die Länge ziehen. So werden die Punkte miteinander verbunden.

Schnörkel-Bordüre

Mit einer kleinen, geöffneten Sterntülle in einer Reihe miteinander verbundene »C« aufspritzen. Klappt auch mit dem Buchstaben »S«.

Wellen-Bordüre

Mit einer mittelgroßen, offenen Sterntülle eine Reihe gleichmäßiger, miteinander verbundener Wellen aufspritzen.

Krause-Bordüre

Mit mittelgroßer Blatt-Tülle ein Band spritzen, dabei in regelmäßigen Abständen kurze Rückwärtsbewegungen machen.

Buttercreme-Bordüren

Buttercreme eignet sich perfekt zum Aufspritzen dekorativer Borten. Auch Blüten, Zahlen, andere Formen und sogar Stick-Effekte (s. S. 139) können damit gespritzt werden. Wichtig ist nur, dass die Buttercreme die richtige Konsistenz hat.

Zutaten

* runde Torte mit Fondant-Überzug auf ebenfalls mit Fondant überzogener Tortenplatte

Außerdem

* Spritzbeutel mit geöffneter Sterntülle, gefüllt mit Buttercreme (s. S. 24–25)

Buttercreme ist ideal für Bordüren.

Tipp

Luftbläschen in frisch aufgeschlagener Buttercreme entfernt man, indem man die Creme mit dem Teigschaber an den Schüsselrand drückt. Den Spritzbeutel nicht zu voll füllen. In den Händen erwärmt sich die Creme und schmilzt.

1 **Für eine Muschel-Kette** die Tülle im 45°-Winkel kurz über der Tortenoberfläche halten. Drücken, bis etwas Creme austritt.

2 Den Druck reduzieren und die Tülle dabei ein Stück nach vorne ziehen, sodass eine leichte Spitze entsteht. Wiederholen.

Für einzelne Blüten die Tülle direkt auf die Torte setzen. Auf den Beutel drücken, bis etwas Creme austritt. Den Druck einstellen und die Tülle nach oben wegziehen, sodass eine Blüte entsteht. Wird der Beutel beim Spritzen gedreht, entsteht eine Rosette. Nach Wunsch jeweils eine Zuckerperle in die Mitte der Blüten setzen.

Buttercreme-Rosen

Rosenblüten spritzt man auf Blütennägel oder Backpapier vor und setzt sie erst dann auf die Torte, wenn die Creme etwas fester geworden ist. Alternativ können Rosen in einer einzigen fließenden Bewegung auch direkt auf die Torte gespritzt werden (siehe Variante).

Zutaten

* Spritzbeutel mit Adapter und Lochtülle, gefüllt mit Buttercreme (s. S. 24–25)
* Blütenblatt-Tülle (passend zum Adapter)
* Blütennägel

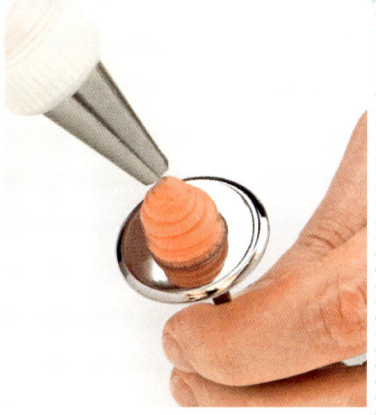

1 Die Lochtülle über die Mitte eines Blütennagels halten. Gleichmäßig drücken und etwas Buttercreme kegelförmig auftragen.

2 Zur Blütenblatt-Tülle wechseln. Den Beutel im 45°-Winkel halten und ein Buttercreme-Band rund um den Kegel spritzen.

3 Das breite Ende der Tülle unten an die Knospe legen. Zum Spritzen eines Blütenblatts den Beutel auf- und abbewegen. Wiederholen und so 3 überlappende Blütenblätter spritzen. Auf diese Weise rundum noch zwei Reihen mit 5 bzw. 7 Blütenblättern spritzen. Für offene Blüten die Tülle leicht nach außen kippen.

Variante

Um Rosen in einer fließenden Bewegung zu spritzen, eine große oder mittlere Sterntülle in den Spritzbeutel einsetzen. Einen Punkt Buttercreme als Mitte spritzen und rundherum gegen den Uhrzeigersinn ein Band aufspritzen.

Perlen und Blüten aufspritzen

Einzelne Pünktchen, Perlen oder Blüten aus Eiweißspritzglasur peppen besonders Cupcakes dekorativ auf. »Picot« nennt man eine Reihe Pünktchen mit gleichmäßigem Abstand. Setzt man sie direkt nebeneinander, sehen sie aus wie eine Perlenkette.

Zutaten

* Torte oder Cupcakes, mit Fondant oder Eiweiß- spritzglasur überzogen

Außerdem

* Spritzbeutel mit feiner Lochtülle, gefüllt mit Eiweißspritzglasur (s. S. 35)

Für Picot-Pünktchen die Tülle aufrecht ein kleines Stück über der Oberfläche der Torte halten. Pünktchen aufspritzen.

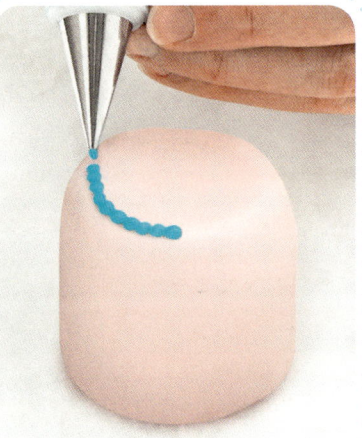

Für Perlen die Tülle im 45°-Winkel halten. Beim Drücken leicht anheben, damit sich die Glasur etwas ausbreitet.

Für Blüten mehrere Pünktchen in einem Kreis spritzen. Dabei die Tülle jeweils am Ende nicht anheben, sondern nach unten zur Mitte der geplanten Blüte ziehen. Zuletzt ein Pünktchen in die Mitte setzen.

Tipp

Damit die Pünktchen eine runde Oberfläche bekommen, den Druck auf den Spritzbeu- tel vor dem Anheben der Tülle einstellen. Antrocknen lassen, eine Fingerspitze in Speisestärke tauchen und die Oberfläche abrunden.

Filigrane Muster

Zarte, an Spitze erinnernde Dekos sehen auf Torten und Cupcakes gleichermaßen hübsch aus. Dafür spritzt man mit Eiweißspritzglasur eine Reihe miteinander verbundener »W« und »M« oder einfach durchgängige feine Schleifen auf.

Zutaten

* Cupcakes oder Torte, mit Fondant oder Eiweißspritzglasur überzogen
* essbarer Klebstoff

Außerdem

* Spritzbeutel mit sehr feiner Lochtülle, gefüllt mit Eiweißspritzglasur (s. S. 35)
* Schablone (nach Wunsch)

1 Die Tülle direkt über die Oberfläche des Cupcake halten. Mit leichtem, gleichmäßigem Druck einen Umriss spritzen.

2 Den Umriss in einem Fluss mit feinen Schleifen füllen, ohne dass sich diese berühren. Die Tülle dabei nicht anheben.

Alternativ Herzen oder andere verschlungene Formen auf Backpapier spritzen (nach Wunsch mit Schablone). Vollständig trocknen lassen. Danach vorsichtig vom Backpapier lösen und mit essbarem Klebstoff auf Cupcake oder Torte befestigen.

Tipp
Für besonders filigrane Formen verwenden Sie am besten spezielle Garnier-Stifte oder Spritzflaschen mit verschiedenen Aufsätzen. Damit lässt sich die Glasur gleichmäßig auftragen, ohne dass Sie Druck ausüben müssen.

Eiweißspritzglasur-Dekor

Eiweißspritzglasur wird beim Trocknen sehr hart, so bleiben auch dreidimensionale Muster perfekt in Form. Diese Glasur können Sie nach Wunsch einfärben. Unterschiedliche Tüllen sorgen für unzählige Effekte. Es lohnt sich, die verschiedenen Techniken zu üben.

Schnörkel

Bordüren aus miteinander verbundenen Schnörkeln werden mit feinen Sterntüllen gespritzt.

Seil

Mit einer feinen Lochtülle im Uhrzeigersinn eng verbundene Kringel aufspritzen.

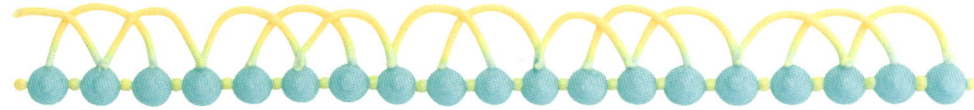

Filigran

Diese feinen, zarten Linien werden am besten mit einer sehr feinen Lochtülle aufgespritzt, wie man sie auch zum Schreiben verwendet.

Perlenketten-Variation

Mit einer sehr feinen Lochtülle eine Reihe kleiner Punkte mit kurzen Linien verbinden. Die Perlen zusätzlich mit feinen Schlaufen verbinden.

Muschel-Girlanden

In gleichmäßigem Abstand mit einer feinen Sterntülle kleine Muscheln aufspritzen. Mit einer feinen Lochtülle mit Schlaufen verbinden und zuletzt kleine Pünktchen auf das Ende jeder Muschel spritzen.

Krausen und Rosetten

Für Rosetten die Sterntülle beim Aufspritzen im Uhrzeigersinn drehen. Mit krausen Schlaufen verbinden, die mit Blatt- oder Sterntüllen gespritzt werden. Zuletzt mit feinen Schlaufen verzieren.

Muschel-Bordüren-Variante

Mit einer Sterntülle eine durchgehende Muschel-Bordüre aufspritzen. Darunter mit sehr feiner Lochtülle ein Gitter aus diagonalen Linien anbringen.

Stern-Bordüre

Die Glasur mit geöffneter Sterntülle in der gewünschten Größe aufspritzen. Zuletzt Tülle und Beutel senkrecht nach oben ziehen.

Tropfen-Kette

Mit feiner Lochtülle einen Punkt spritzen. Dabei am Ende in die Länge ziehen und so mit dem nächsten Punkt verbinden.

Schnecken-Bordüre

Mit einer feinen Sterntülle eine Biegung im Uhrzeigersinn aufspritzen und am Ende nach unten ziehen. Daneben weitere Schnecken gleicher Größe aufspritzen.

Zick-Zack-Krausen

Die Glasur mit einer feinen, geöffneten Sterntülle in Auf- und Abwärtsbewegungen auftragen, sodass eine krause Bordüre entsteht.

Wirbel und Pünktchen

Mit feiner Lochtülle elegant geschwungene Linien aufspritzen. Um größere Biegungen kleine Pünktchen setzen.

Damast 1

Dieses feine Muster wird mit feiner Lochtülle und mithilfe einer Schablone aufgespritzt.

Damast 2

Um dieses verschnörkelte Muster auf eine Torte zu spritzen, die Umrisse zunächst mit einem Veining-Modellierstab von einer Schablone auf den Fondant übertragen.

Verzweigte Ästchen

Mit feiner Lochtülle verzweigte Linien verschiedener Breiten aufspritzen. Danach mit der gleichen Tülle kleine Blüten an Ästchen setzen.

Schreiben mit Spritzglasur

Das Schreiben mit Eiweißspritzglasur ist nicht einfach und braucht Übung und Geduld. Wenn Sie die Technik dann aber beherrschen, können Sie Ihre Torten ganz professionell verzieren. Buchstaben können auf Backpapier oder direkt auf die Torte gespritzt werden.

Zutaten

* Eiweißspritzglasur (s. S. 35) oder leicht verdünnte Buttercreme (s. S. 24)
* Torte, mit Fondant oder Buttercreme überzogen

Außerdem

* Schablone aus Back- oder Pauspapier (nach Wunsch)
* Spritzbeutel mit feiner Lochtülle

Tipp
Verwenden Sie zum Schreiben auf Torten mit Fondant-Überzug am besten Eiweißspritzglasur und für Torten mit Buttercreme-Überzug Buttercreme. Die Breite der Linien lässt sich durch den Druck auf den Spritzbeutel steuern.

1 Die Schablone (falls verwendet) auf die Oberfläche der Torte legen und die Buchstaben mit einem Zahnstocher nachziehen.

2 Den Spritzbeutel im 45°-Winkel ansetzen, sodass sich die Spitze der Tülle direkt auf der Tortenoberfläche befindet.

3 Die Glasur gleichmäßig aus dem Beutel drücken und dabei mit der Tülle die Buchstaben nachziehen.

Für Druckbuchstaben am Ende einer Linie die Spitze auf die Oberfläche der Torte legen und jetzt erst den Druck einstellen.

Schokolade aufspritzen

Geschmolzene und temperierte Schokolade können Sie direkt auf die Oberfläche einer Torte auftragen. Oder Sie spritzen das gewünschte Ornament auf Backpapier, lassen es im Kühlschrank erstarren und bringen es dann erst auf der Torte an.

Zutaten

* weiße, Milch- oder Zartbitterschokolade, geschmolzen und temperiert (s. S. 40–41)

Außerdem

* Spritzbeutel mit feiner Lochtülle
* Schablone aus Back- oder Pauspapier (nach Wunsch)

Tipp

Schokolade kann wie Eiweißspritzglasur oder Buttercreme direkt auf die Torte aufgetragen werden. Alternativ spritzt man sie auf Plaketten aus Schokolade oder Fondant. Eventuelle Fehler lassen sich davon leicht wieder abwischen.

1 Die temperierte und lauwarm abgekühlte Schokolade in den Spritzbeutel füllen. Backpapier auf eine Schablone legen (falls verwendet) und mit Klebeband oder Heftklammern fixieren.

2 Die Spitze der Tülle auf das Backpapier setzen und die Linien nachziehen. Dabei von innen nach außen arbeiten. Am Ende jeder Linie den Druck einstellen und die Tülle anheben. Jede Linie einzeln spritzen. Kühlen, bis die Schokolade erstarrt ist.

MODELLIEREN

Aus formbaren Massen wie Fondant und Blütenpaste
lassen sich wunderschöne Dekorationen modellieren.
Mit dem passenden Werkzeug und der richtigen Technik
können Sie daraus zum Beispiel echt anmutende Blüten
und Blätter oder auch Figuren formen – eine echte Zierde
für ganz besondere Torten.

Fondant stärken

Zum Modellieren oder Ausstechen muss der Fondant elastisch sein und gut trocknen, damit die geformten Figuren und Formen stabil sind. Dafür muss er vorbereitet (»gestärkt«) werden. Arbeiten Sie mit kleinen Mengen und wickeln Sie den Rest doppelt in Frischhaltefolie.

Zutaten

* 500 g Fondant
  (s. S. 46–47)
* Kokosfett zum Arbeiten
* 2 TL Tylose-Pulver

Formbar und stabil – perfekt zum Modellieren und Ausstechen

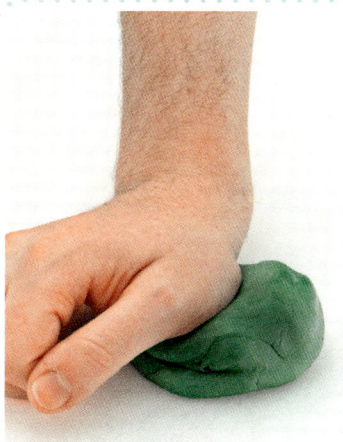

1 Den Fondant auf der leicht mit Kokosfett gefetteten Arbeitsfläche weich kneten. In die Mitte eine Mulde drücken.

2 Das Tylose-Pulver in die Mulde geben, den Fondant darüber zusammendrücken und alles verkneten.

3 Den Fondant kneten, bis er elastisch und formbar ist und keine Pulverspuren (hellere Streifen) mehr darin zu sehen sind. Den Fondant doppelt in Frischhaltefolie wickeln und in einen Gefrierbeutel mit Reißverschluss geben. Mindestens 2 Stunden, besser über Nacht, ruhen lassen.

Tipp
Verwenden Sie zum Stärken von Fondant nur extrafeines Tylose-Pulver. Grobes Pulver führt dazu, dass der Fondant klumpt und unregelmäßig hart wird. Und färben Sie den Fondant vor dem Stärken ein.

Fondant-Rosen modellieren

Rosenblüten können Sie ganz einfach mit einem Kugel-Modellierwerkzeug formen. Schneller fertig sind Sie, wenn Sie die Blütenblätter mit einer runden Ausstechform gleichmäßig in drei bis vier Größen ausstechen.

Zutaten

* 25 g gestärkter Fondant (s. S. 87)

Außerdem

* Floristendraht (18 g)
* Kokosfett zum Arbeiten
* Kugel-Modellierstab

Wunderschöne Rosenblüten modellieren.

Tipp

Kneten Sie unter den Fondant für die Blütenmitte etwas mehr Tylose-Pulver oder Traganth, damit er schneller trocknet. Es ist sehr schwierig, die Blütenblätter an einem nicht vollständig getrockneten Fondant-Stück anzubringen.

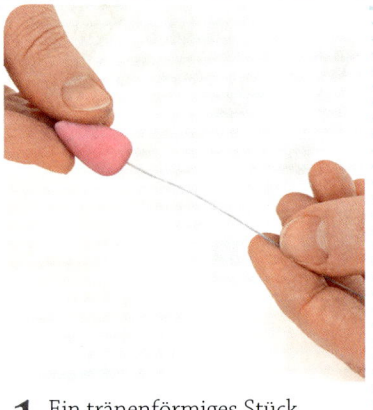

1 Ein tränenförmiges Stück Fondant auf Floristendraht stecken. Aufrecht 3 Tage trocknen. 6 kleine Fondant-Kugeln formen.

2 Die Kugeln auf der gefetteten Arbeitsfläche zu 1 mm dicken Kreisen flach drücken. Die Ränder mit dem Kugelstab ausdünnen.

3 Die Blütenblätter unten mit Wasser anfeuchten und leicht überlappend um ein tränenförmiges Fondant-Stück legen.

4 Auf diese Weise noch 20 größere Blütenblätter formen und um die Knospe herum anbringen. Die Rosenblüte trocknen lassen.

Tulpen modellieren

Wesentlich einfacher lassen sich Tulpen modellieren, denn im Gegensatz zu Rosen brauchen Sie dafür nur zwei Ausstecher. Alternativ können Sie Blütenblätter und Blütenkelch natürlich auch von Hand formen.

Zutaten

* 25 g gestärkter Fondant (s. S. 87), 2 mm dick ausgerollt
* 12 g gestärkter grüner Fondant (s. S. 87)

Außerdem

* Kokosfett zum Arbeiten
* Blütenblatt-Ausstecher
* Reißnadel
* Silikon-Ausrollstab
* Blütenkelch-Ausstecher

1 Auf der gefetteten Arbeitsfläche 1 kleine Fondant-Kugel rollen. Dann 3 Blütenblätter ausstechen, mit der Reißnadel die Mitte prägen.

2 Die Blütenblätter unten anfeuchten, leicht überlappend um die Kugel legen und andrücken.

3 Den grünen Fondant ausrollen und den Blütenkelch ausstechen. Diesen anfeuchten und am Boden der Blüte anbringen. Die Blütenblätter mit den Fingerspitzen nach Wunsch leicht öffnen oder schließen.

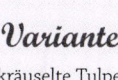

Variante

Für gekräuselte Tulpen winzige Schnitte in die Ränder der Blütenblätter setzen und mit einem kleinen Ausrollstab ausdünnen. Für Staubgefäße Fäden mit essbarem Klebstoff verstärken und Fondant-Kügelchen auf die Spitzen setzen.

Blüten und Gestecke

Aus Fondant oder Blütenpaste können echt anmutende Blüten geformt oder ausgestochen, mit Silikonstempeln geprägt und mit Speisefarbe koloriert werden. Ganz nach Wunsch erblühen Sie dann in prächtigen Gestecken (s. S. 112–113).

Violette Rosen

Einfache Fondant-Rosen beeindrucken besonders in leuchtenden Farben.

Weihnachtsstern

Blütenblätter und Blätter in verschiedenen Größen ausstechen, prägen und zu großen Blüten zusammenfügen.

Orchideen, Kornblumen und Gipskräuter

Die größeren Blüten auf einer Seite des Gesteckes zusammenbinden und die kleineren am anderen Ende. Lücken mit kleinen Blüten und Blättern füllen.

Calla-Gesteck

Geich große Calla-Blüten lassen sich mit einigen geprägten Blättern ganz einfach zu einem schönen Gesteck verbinden.

Orchideen-Gesteck

Eine Orchidee aus dünn ausgerollter Blüten-paste ausstechen, mit Speisefarben-Pulver bestäuben und mit Blättern und kleineren Blüten zu einem Gesteck verbinden.

Freesien

Die Blüten aus violettem Fondant mit Floristenband an einem Floris-tendraht verbinden (S. 112–113).

Kornblumen

Die Blüten mit speziellen Aus-
stechern aus leuchtend blauem
Fondant ausstechen. Für die
Staubgefäße Fondant durch eine
Knoblauchpresse drücken.

Cymbidium-Orchidee

Speisefarben-Pulver mit
speziellem Rejuvenator-Spirit
mischen und mit einem
steifen Pinsel in die Mitte der
Lippe tupfen. Die Ränder mit
einem kleinen Ausrollstab
kräuseln.

Gerbera und Freesien

Ein Gerbera- oder Gänseblümchen-
Ausstecher prägt die Oberfläche
der Blütenblätter. Mit Freesien und
kleineren Blüten zu einem Gesteck
verbinden.

Jasmin

Für die Blüten einen
Blütenkelch-Ausstecher
verwenden. Die Prägung
der Blüten mit rosa Spei-
sefarben-Pulver betonen.

Calla-Lilien

Dünne, tränenförmige Blütenblätter aus weißer Blütenpaste
um dicke gelbe Staubgefäße
legen. Für einen möglichst
realistischen Effekt prägen.

Langes Gesteck mit Freesien

Für lange Gestecke einzelne
Blätter an einem Floristendraht
verbinden. Dann rote Freesien
mit weißen Staubgefäßen und
kleine weiße Blüten an diesem
Draht anbringen.

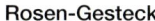

Rosen-Gesteck

Für einen samtigen Effekt wenig
braunes Speisefarben-Pulver auf
die Blütenblätter tupfen, dann
vorsichtig dämpfen. Rosenknospen
und -blüten verschiedener Größe
modellieren.

Orchidee

Blütenblätter und Lippe von Orchi-
deen-Blüten mit speziellen Ausstechern und einem Veining-Modellierstab
formen. An den Rändern dunkleres
Speisefarben-Pulver verwenden und
zur Mitte hin verblassen lassen.

Figuren modellieren

Am Beispiel einer Mädchenfigur zeigen wir Ihnen hier die Grundlagen des Modellierens von Figuren. Mit einem Veining-Modellierstab lassen sich in der Kleidung Falten nachbilden, die Haare aus Fondant werden mit einem kleinen Ausrollstab gewellt.

Zutaten

* je 100 g gestärkter flieder- und rosafarbener Fondant (s. S. 87)
* 50 g gestärkter fleischfarbener Fondant (s. S. 87)
* Speisefarben-Stifte (schwarz und rosa)
* rosa Speisefarben-Pulver
* 1 TL gestärkter gelber Fondant (s. S. 87)
* 25 g gestärkter brauner Fondant (s. S. 87)
* essbarer Klebstoff

Außerdem

* Cake-Pop-Stiel, halbiert
* Kopierrädchen
* Veining-Modellierstab
* Skalpel
* Zahnstocher
* Silikon-Ausrollstab
* Speisestärke zum Arbeiten
* Blüten-Ausstecher (klein)
* Knoblauchpresse

1 Aus fliederfarbenem Fondant einen Kegel formen. Spitze und untere Seite glätten und den Fondant nach unten etwas ausbreiten. Den Cake-Pop-Stiel in die Mitte stecken. Aus einem kleineren Stück Fondant ein Mieder formen und auf den Stiel stecken. Mit dem Kopierrädchen den Rand verzieren und mit dem Veiner Falten in den Rock drücken.

2 Für die Arme aus rosafarbenem Fondant zwei längliche Kegel formen, die jeweils auf einer Seite etwas breiter sind. Mit dem Veiner Falten hineindrücken und die Arme am Ellbogen leicht anwinkeln. 30 Minuten trocknen lassen, dann mit etwas Wasser anfeuchten und auf beiden Seiten des Mieders oben anbringen.

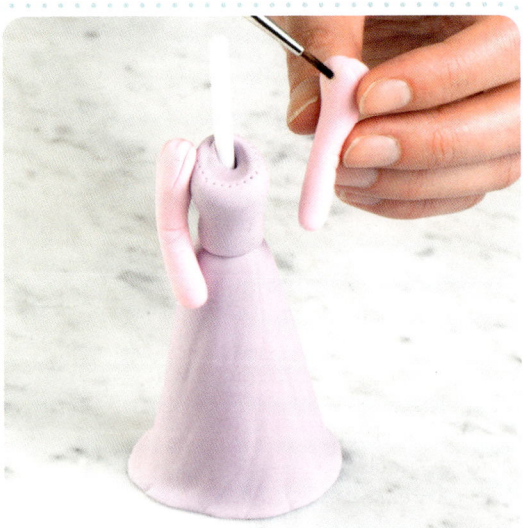

3 Aus fleischfarbenem Fondant ein ovales Stück formen, das genau in den Ausschnitt des Mieders passt. Unten etwas anfeuchten, dann auf den Stiel stecken. Die Übergänge zum Mieder mit den Fingern glätten und am oberen Ende den Hals formen. Ebenfalls 30 Minuten trocknen lassen. Inzwischen aus einem ovalen Stück fleischfarbenem Fondant den Kopf formen. Dabei eine leichte Kuppel für das Kinn und ein winziges Oval für die Nase bilden. Die Augen mit dem schwarzen, den Mund mit dem rosafarbenen Speisefarben-Stift aufzeichnen. Den Kopf auf den Stiel stecken und rosa Speisefarben-Pulver auf die Wangen tupfen.

Variante

Für Beine aus Fondant zwei gleich große Rollen formen und jeweils Oberschenkel und Waden modellieren. Für Hosen einen Kegel aus Fondant formen, den Boden flach drücken und von unten mittig zu ¾ einschneiden. Ausmodellieren.

4 Aus dünn ausgerolltem rosafarbenem Fondant einen Streifen schneiden und um die Taille legen. zwei weitere Streifen für die Schleife schneiden und vorne anbringen. Für die Hände aus fleischfarbenem Fondant zwei kleine Tränen formen und flach drücken. Mit dem Skalpell je vier Finger und einen Daumen hineinschneiden und mit dem Zahnstocher formen. In die Handgelenk-Enden der Arme je eine Vertiefung drücken. Die Hände darin anbringen, übereinanderlegen und mit etwas Wasser befestigen. Den gelben Fondant auf der leicht mit Stärke bestäubten Arbeitsfläche sehr dünn ausrollen und eine winzige Blüte ausstechen. Am Mieder anbringen. Für die Haare braunen Fondant durch die Knoblauchpresse drücken. Mit essbarem Klebstoff anbringen.

Modellierte Figuren

Die abgebildeten Figuren sind nur einige Beispiele dafür, was Sie alles aus gestärktem Fondant und anderen Modelliermassen formen können. Zum Verzieren brauchen Sie außer etwas Fantasie nur ein paar Küchenhelfer und Speisefarben.

Ballerina
Mit der Knoblauchpresse geformtes Haar wirkt sehr natürlich. Die Lagen des Tutus werden mit kleinen Ausrollstäben ausgedünnt und gewellt. Die Ballettschuhe sind aufgemalt.

Marienkäfer
Die Punkte einfach mit einer Lochtülle ausstechen. Als Fühler Blüten-Staubgefäße verwenden.

Maus
Die Kulleraugen können fertig gekauft oder aufgespritzt werden. Für die Zähne ein dünnes Rechteck weißer Blütenpaste in der Mitte markieren.

Hase
Der Körper wird aus einer Farbe modelliert. Gesichtszüge und Details später angebracht.

Fee
Die Flügel werden aus Reispapier ausgeschnitten. Der Stiel des Fliegenpilzes ist aus marmoriertem Fondant modelliert.

Katze
Staubgefäße machen sich auch hervorragend als Schnurrhaare.

Hund
Details auf Körper und Gesicht mit dem Veining-Modellierstab und kleinen Fondant-Stückchen hinzufügen.

Huhn
In die Flügel mit dem Rücken einer Messerklinge Federn prägen.

Elf
Damit die Kleidung echt wirkt, wird der Fondant plissiert und mit dem Veining-Modellierstab eingeritzt.

Schaf

Den Körper aus weißem Fondant mit der Spitze eines Modellierstabs einstechen und so einen Fell-Effekt erzeugen. Vor dem Anbringen der schwarzen Gliedmaßen vollständig trocknen lassen.

Marienkäferchen

Für die Augen kleine Kreise aus Blütenpaste oder Reispapier ausschneiden und schwarze Punkte in die Mitte malen.

Pirat

Kleidung und Bart mit verschiedenen Modellierstäben möglichst realistisch formen.

Kuh

Beine und Flecken getrennt modellieren und dann am tropfenförmigen Körper anbringen.

Libelle

Den Körper vorsichtig mit einem Skalpell oder dünnen Messer einritzen und Flügel aus Reispapier anbringen.

Teddybär

Die Nähte mit dem Kopierrädchen oder einer Klinge in den Körper prägen. Für die Augen schwarze Glasur auf weiße Fondant-Kreise spritzen.

Schwein

Wie bei vielen anderen Figuren besteht der Rumpf aus einem tropfenförmigen Fondant-Stück.

Elefant

Hier kommt es auf die Details an: Vorsichtig eingeritzter Fondant wirkt wie dicke Tierhaut. Rumpf und Rüssel aus einem Stück formen, dann die Ohren anbringen.

Fußballspieler

Erst den Körper modellieren und dann mit dünn ausgerolltem Fondant »einkleiden«.

Terrier

Für das Fell den Fondant mit dem Veining-Modellierstab bearbeiten und dabei einzelne Stücke in die Länge ziehen.

Verzierungen modellieren

Nur Geduld! Es braucht Zeit und Übung, bis Sie das Modellieren von Girlanden, Schleifen, Rüschen, Seilen und Ketten beherrschen. Doch die Mühe lohnt sich, denn solche Verzierungen machen den eigentlichen Charme einer Tortendeko aus.

Zutaten
* gestärkter Fondant (s. S. 87)

Außerdem
* Speisestärke zum Arbeiten
* Silikon-Ausrollstab
* Veining-Modellierstab
* runde Ausstechformen (klein und groß)
* Blüten-Modelliermatte
* dünner Ausrollstab

Für wunderschöne Details

Tipp
Silber-metallic Speisefarben-Pulver mit Rejuvenator-Spirit vermischen und die Ketten (s. S. 97) damit kolorieren. Für eine besondere Textur können Sie die Speisefarbe auch mit der Airbrush-Pistole auftragen.

1 Für Girlanden Fondant auf der mit Stärke bestäubten Arbeitsfläche zu einem kleinen Rechteck ausrollen. In Falten legen.

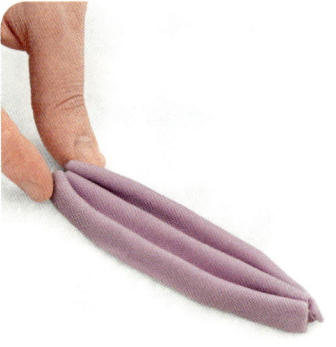

2 Das Rechteck an beiden Enden zusammendrücken und leicht anfeuchten. Überstehenden Fondant abschneiden.

1 Für eine Schleife 2 Rechtecke formen und jeweils senkrecht zusammenfalten. Ein kleineres Fondant-Rechteck ausrollen.

2 Die beiden Schlaufen in der Mitte mit Wasser befestigen. Das Rechteck darumwickeln und an der Rückseite befestigen.

1 Für Rüschen Fondant auf der mit Stärke bestäubten Arbeitsfläche dünn ausrollen. Mit den beiden Ausstechformen einen Ring ausstechen und diesen mit dem Messer einmal durchschneiden.

2 Auf die Modelliermatte legen, sodass der Rand des Rings am Rand der Matte liegt. Mit dem Ausrollstab auf den Ring drücken und hin- und herrollen, dabei immer ein Stückchen weiterrücken.

Für Seile aus ausgerolltem Fondant Streifen schneiden. Diese mit den Händen zu Strängen rollen. Einen Strang auf einer Seite der Länge nach anfeuchten, den zweiten darauflegen und beide miteinander verdrehen.

Für Ketten Fondant-Stränge in gleichmäßige Stücke schneiden. Ein Stück an den Enden anfeuchten, diese zu einem Glied zusammenlegen und festdrücken. So fortfahren und die Glieder dabei verbinden.

Modellieren mit Marzipan

Weich, formbar und langsam trocknend: Marzipan ist ein wunderbarer Werkstoff zum Modellieren von Figuren und Formen. Ohne nennenswerte Ausstattung können Sie damit zum Beispiel Erdbeeren und Äpfel formen.

Zutaten

* 200 g Marzipan (s. S. 36)
* 1 TL Tylose-Pulver (nach Wunsch)
* Speisefarben-Paste (rot, braun, grün)
* essbarer Klebstoff

Außerdem

* Speisestärke zum Arbeiten
* Veining-Modellierstab

Tipp

Stellen Sie essbaren Klebstoff doch selbst her. Dafür ¼ TL Tylose-Pulver und 2 EL warmes Wasser verrühren, bis sich das Pulver vollständig aufgelöst hat. Über Nacht kühl stellen. Der fertige Klebstoff hat eine sirupähnliche Konsistenz.

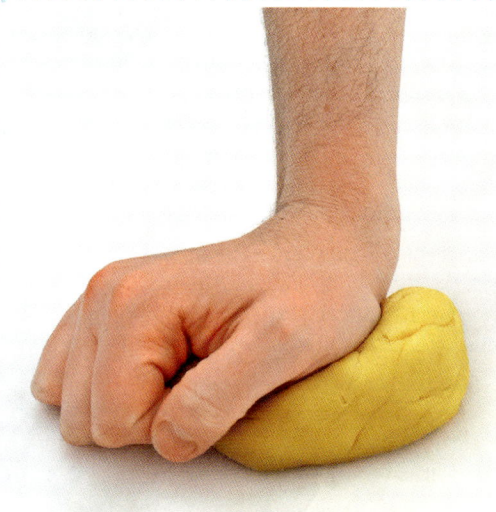

1 Die Arbeitsfläche mit Speisestärke bestäuben. Das Marzipan mit den Händen etwas erwärmen und kneten, bis es weich und formbar ist. Wenn die Figuren möglichst schnell trocknen sollen, das Tylose-Pulver unterkneten (s. S. 87).

2 Vom Marzipan zwei golfballgroße Kugeln abnehmen und beiseitelegen. Mit einem Zahnstocher etwas rote Speisefarbe in die Mitte der restlichen Masse geben und gleichmäßig unterkneten. Nach Wunsch mehr Farbe zufügen, bis der gewünschte Farbton erreicht ist. Ebenso je eine Kugel in Braun und eine in Grün grün einfärben.

3 Etwas rotes Marzipan abnehmen und zu einem spitzen Kegel formen. Für die Samen der Erdbeere mit einem Zahnstocher rundum kleine Löcher eindrücken, für den Stiel oben ein größeres Loch einstechen.

4 Für die Äpfel aus dem grünen Marzipan rundliche Kegel formen. Mit dem Modellierstab für den Stiel ein Loch in die leicht abgeflachte Oberseite drücken.

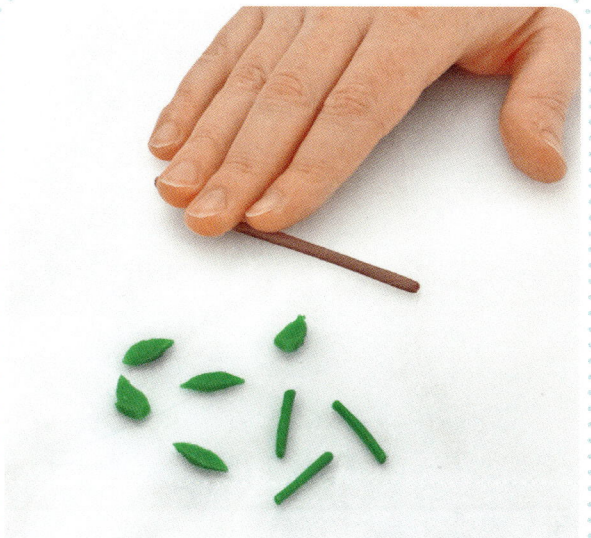

5 Für die Blätter aus dem grünen Marzipan winzige ovale Stücke in die gewünschte Form modellieren. Für die Stiele grünen und braunen Marzipan zu Strängen rollen und diese in die gewünschte Länge schneiden.

6 Die Stiele mit essbarem Klebstoff an den Früchten befestigen. Je zwei Blätter an den Stielen der Äpfel, eine Blattkrone um den Stiel der Erdbeeren anbringen. Die Früchte 24 Stunden trocknen lassen.

AUSSTECHER UND FORMEN

Die große Auswahl an Ausstechern und Formen macht es auch Einsteigern leicht, beeindruckende Dekoelemente herzustellen. In diesem Kapitel erklären wir, wie Sie diese Werkzeuge richtig einsetzen und aus Fondant Schmetterlinge, Sterne, Bänder und Spitzen anfertigen.

Ausstecher mit Auswurf

Mit Ausstechern mit Auswurf lassen sich ohne viel Aufwand Dekorationen aus Fondant, Blütenpaste und Modellierschokolade herstellen. Experimentieren Sie einfach mit unterschiedlichen Formen, mehreren Schichten und verschiedenen Farben.

Zutaten

* Fondant oder andere Modelliermasse
* Tylose-Pulver (s. S. 87, nach Wunsch)

Außerdem

* Speisestärke zum Arbeiten
* Silikon-Ausrollstab
* Ausstecher mit Auswurf
* Modelliermatte oder Blüten-Former
* Kugel-Modellierstab (nach Wunsch)
* Ausrollstab (nach Wunsch)

Tolle Deko ohne viel Aufwand herstellen.

1 Die Arbeitsfläche mit Stärke bestäuben. Fondant eventuell mit Tylose-Pulver stärken und in der gewünschten Dicke ausrollen.

2 Die Ausstecher mit Stärke bestäuben. Am Sockel halten und in den Fondant drücken. Dann nach oben wegziehen.

3 Unregelmäßigkeiten von den Seiten entfernen. Hat der Ausstecher keine Präge-Funktion, mit Schritt 5 fortfahren.

4 Den Ausstecher auf die Arbeitsfläche stellen, den Knopf herunterdrücken und die Fondant-Oberfläche prägen.

WEITER AUF SEITE 102 • • • •

5 Den Ausstecher leicht anheben, dann erneut auf den Knopf drücken und den Fondant aus dem Ausstecher lösen. Wurde ein Ausstecher mit Präge-Funktion verwendet, ist das entsprechende Muster jetzt in die Oberfläche des Fondants geprägt. Das Muster später nach Belieben mit Speisefarbe dekorieren.

6 Die ausgestochenen Motive vorsichtig auf die Modelliermatte legen und nach Wunsch mit dem Kugel-Modellierstab ausformen.

Tipp

Damit Fondant oder Modelliermasse nicht am Ausstecher kleben bleiben, bestäuben Sie ihn mit Speisestärke oder fetten ihn leicht mit Kokosfett. Es hilft auch, die Masse vor dem Ausstechen einige Minuten antrocknen zu lassen.

7 Die Motive zum Trocknen eventuell auf spezielle Reliefmatten legen. Für eine natürliche Biegung nach Wunsch auf dem Ausrollstab trocknen lassen.

Variante

Aus ausgerolltem Fondant Dekorationen ausstechen und die Lücken mit ausgestochenem Fondant einer anderen Farbe füllen. Ausstecher mit Auswurf können Sie auch für Plätzchenteig verwenden (s. S. 106–107).

Für filigrane Formen den Fondant sehr dünn ausrollen und vor dem Ausstechen bis zu 30 Minuten antrocknen lassen. Die Dekorationen lassen sich dann besser aus dem Ausstecher lösen. Bei kleinteiligen Formen, z. B. dieser Schneeflocke, mit einem spitzen Messer am Rand des Ausstechers entlangfahren und den Fondant lösen. So bekommt die Dekoration einen sauberen Rand.

Ausgestochene Motive

Der Fachhandel bietet Ausstecher mit Auswurf in unzähligen Formen und Größen. Damit ist das Ausstechen und Prägen so einfach wie nie zuvor. Wer besondere Effekte sucht, kann die ausgestochenen Formen noch schichten oder kolorieren.

Schmetterlinge

Der Ausstecher prägt feine Details. Um die Flügel nach oben zu falten, lässt man die Schmetterlinge im Falz eines geöffneten Buches trocknen.

Gänseblümchen

Soll kein Muster in die Oberfläche geprägt werden, wird der Knopf beim Ausstechen einfach nicht betätigt.

Einfache Blüten

Blüten in verschiedenen Farben und Formen ausstechen. Mit dem Kugel-Modellierstab eine Vertiefung in der Mitte formen, damit sich die Blütenblätter nach oben strecken. Mit Eiweißspritzglasur oder Fondant verzieren.

Sterne

Stern-Ausstecher gibt es in unterschiedlichen Größen. Die ausgestochenen Sterne haben glatte Ränder. Ideal als Deko für Cupcakes.

Kreise

Mit runden Ausstechern lassen sich perfekte Kreise ausstechen. Doch sie sind auch für viele andere Dinge nützlich.

Herzen

Die mit herzförmigen Ausstechern gestanzten Dekos können nach Wunsch koloriert oder für spektakuläre Effekte mit Glitter bestäubt werden.

Gerbera

Für eine natürliche Wirkung mit Gänseblümchen-Ausstechern Blüten in verschiedenen Größen ausstechen und aufeinanderlegen.

Geschichtete Sterne

Dafür in mehreren Größen und Farben ausgestochene Sterne aufeinanderschichten. Damit sie haften, die Rückseiten mit Wasser anfeuchten.

Blüten mit Prägung

Die Oberfläche einfacher Blütenformen kann nach Belieben geprägt und mit Speisefarben-Pulver koloriert werden.

Herzen mit Prägung

Herzen aus ausgerolltem Fondant mit Oberflächenprägung ausstechen. Alternativ ausgestochene Herzen mit einer Strukturrolle prägen, solange der Fondant noch weich ist.

Glitzersterne

Aus Fondant Sterne mit Oberflächenprägung ausstechen und mit Glitter bestreuen.

Geschichtete Blüten

Grundlage sind einfache Gänseblümchen-Blüten. Vor dem Schichten leicht antrocknen lassen.

Plätzchen-Ausstecher

Verwenden Sie ruhig Ihre klassischen Plätzchen-Ausstecher aus Metall oder Kunststoff auch für Fondant oder Blütenpaste. Und lassen Sie die ausgestochenen Formen trocknen, bevor Sie sie kolorieren oder weiter verzieren.

Zutaten

* gestärkter Fondant (s. S. 87) oder andere Modelliermasse, beliebig dick ausgerollt
* essbarer Klebstoff (nach Wunsch)

Außerdem

* Ausstecher
* Speisestärke zum Arbeiten
* Silikon-Ausrollstab
* Blüten-Modelliermatte (nach Wunsch)
* verschiedene Modellier-stäbe (nach Wunsch)

Verschiedene Formen ausstechen.

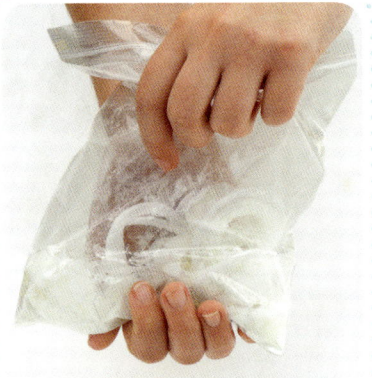

1 Die Ausstecher mit etwas Stärke in einen Gefrierbeutel geben und schütteln. Herausneh-men und vorsichtig abklopfen.

2 Einen Ausstecher in den aus-gerollten Fondant drücken, bis er die Arbeitsfläche berührt. Leicht hin und her bewegen.

3 Den Ausstecher abheben. Bleibt das ausgestochene Motiv darin haften, mit einem Modellierstab vorsichtig von den Rändern lösen. Das Motiv nach Wunsch leicht mit essbarem Klebstoff oder Wasser anfeuchten und sofort an der Torte anbrin-gen. Alternativ auf Backpapier über Nacht trocknen lassen.

Die ausgestochenen Motive vor dem Bemalen trocknen lassen. Überschüssige Stärke oder unsaubere Ränder entfernen.

Zum Trocknen und Formen vorsichtig mit der Palette abheben und auf eine saubere Fläche legen.

4 Die ausgestochenen Motive mit einer kleinen Palette auf die Modelliermatte legen.

5 Die Dekorationen mit verschiedenen Modellierstäben ausarbeiten (s. S. 110). Die Ränder ausdünnen und formen.

6 Dekorationen, die weiter ausgearbeitet werden sollen, mit Frischhaltefolie abdecken, damit sie elastisch bleiben.

Mosaik und Struktur

Für ein Mosaik werden Kacheln, Streifen oder andere Formen gleicher Größe ausgeschnitten und entsprechend zusammengesetzt. Für bunte Dekorationen mit einer strukturierten Oberfläche schichtet man mehrere Lagen Fondant aufeinander.

Zutaten

* Fondant oder andere Modelliermasse
* essbarer Klebstoff

Außerdem

* Speisestärke zum Arbeiten
* Silikon-Ausrollstab
* Ausstecher
* Blüten-Modelliermatte
* Kugel-Modellierstab (nach Wunsch)

1 Für Mosaik-Kacheln den Fondant in der gewünschten Dicke auf der mit Stärke bestäubten Arbeitsfläche ausrollen.

2 Aus dem Fondant gleich große Quadrate ausschneiden. Mit essbarem Klebstoff oder Wasser an der Torte anbringen.

Für Intarsien den Fondant ausrollen und Punkte (oder beliebige andere Formen) ausstechen. Dann aus einer zweiten Lage Fondant in einer kontrastierenden Farbe ebenfalls Punkte ausstechen. Diese in die Löcher der ersten Fondantlage setzen und den Ausrollstab vorsichtig darüberrollen. Zum Überziehen von Torten verwenden.

Tipp

Sie können auch aus geschichtetem Fondant Formen ausstechen. So werden die Farben aller Lagen sichtbar. Diese Methode eignet sich gut, wenn Sie Fenster in Häusern, Autos oder Bussen darstellen möchten.

1 **Bei Dekorationen mit mehreren Schichten** bildet die größte Form die Grundlage. Die Oberfläche mit essbarem Klebstoff oder Wasser anfeuchten und eine kleinere Form daraufsetzen.

2 Die zusammengesetzten Dekorationen nach Wunsch auf der Modelliermatte mit dem Kugel-Modellierstab noch weiter ausformen. Trocknen lassen und danach auf der Torte befestigen.

Für mehrfarbige geschichtete Dekorationen wie Autos die einzelnen Elemente aus Fondant in verschiedenen Farben ausstechen. Die Rückseite jeweils leicht mit Wasser oder essbarem Klebstoff anfeuchten. Die Elemente dann in der entsprechenden Reihenfolge zusammensetzen.

Gänseblümchen
aus geschichtetem Fondant
(s. S. 104–105).

Blätter und Blüten prägen

Die Oberfläche von Blättern und Blüten wird mit speziellen Strukturmatten geprägt. Sie sind im Fachhandel erhältlich. Details formt man dann mit entsprechenden Modellierstäben aus. Viele Ausstecher mit Auswurf haben ebenfalls eine Prägefunktion.

Zutaten

* Blütenpaste oder gestärkter Fondant (s. S. 87)

Außerdem

* Silikon-Ausrollstab
* Speisestärke zum Arbeiten
* Strukturmatte
* Schneiderädchen
* Kugel-Modellierstab
* Modellierstab für Blüten und Blätter
* konischer Modellierstab
* Kokosfett zum Arbeiten
* Blüten-Modelliermatte
* Blüten-Former (nach Wunsch)
* Ausstecher mit Auswurf

Variante

Blattadern kann man auch mit einem Prägestempel in Blätter aus Fondant oder Blütenpaste prägen. Dafür die Blätter auf den Stempel legen und mit dem Kugel-Modellierstab oder den Fingern andrücken. Mit Schritt 3 fortfahren.

1 Für Blätter die Blütenpaste ausrollen und sorgfältig auf die mit Speisestärke bestäubte Strukturmatte drücken.

2 Wenden und die Blütenpaste auf die mit Stärke bestäubte Arbeitsfläche legen. Das Blatt ausschneiden.

3 Die Spitzen der Modellierstäbe mit Kokosfett fetten, damit sie nicht kleben. Das Blatt mit einer Palette auf die Modelliermatte legen und die Details mit den entsprechenden Modellierstäben ausformen. Die Ränder etwas ausdünnen. Das fertige Blatt auf der Modelliermatte über Nacht trocknen und fest werden lassen.

1 **Für Blüten** die Blütenpaste auf der mit Speisestärke bestäubten Arbeitsfläche ausrollen. Blüten und Blätter ausstechen und mit einer Palette auf Backpapier oder eine Blüten-Modelliermatte legen.

2 Zum Formen der Blüten mit dem Kugel-Modellierstab nacheinander leicht auf die Spitzen der Blütenblätter drücken und den Stab dann vorsichtig zur Mitte der Blüte rollen.

3 Mit dem Modellierstab für Blüten feine Äderchen in die Blütenblätter prägen, damit sie plastisch aussehen. Danach den Kugel Modellierstab in die Mitte der Blüte setzen und eine Vertiefung oder ein Loch hineindrücken. (Durch dieses Loch können später die Staubgefäße und Draht gesteckt werden). Die fertige Blüte über Nacht auf der Matte oder nach Wunsch auf dem Blüten-Former trocknen lassen.

Gestecke anfertigen

Mit nur wenigen Hilfsmitteln können Sie Blüten ganz nach Anlass zu trendigen Gebinden oder zu klassischen Sträußen binden. Die einzelnen Blüten werden dafür an Draht befestigt und dann auf der Torte angebracht.

Zutaten

* Blütenpaste oder gestärkter Fondant (s. S.87)
* essbarer Klebstoff
* Blüten aus Blütenpaste oder gestärktem Fondant
* Blätter aus Blütenpaste oder Fondant (in passender Dicke für den Floristendraht)

Außerdem

* Floristendraht (22 g oder 24 g), in Stücke geteilt
* Flachzange
* Floristenband
* Steckschaum oder Styropor
* Kugel-Modellierstab

1 Die Spitze von 1 Stück Floristendraht mit der Flachzange zu einer kleinen Schlaufe biegen. Mit Floristenband umwickeln.

2 Aus Blütenpaste einen kleinen Kegel formen. Die Schlaufe hineinstecken, die Oberseite flach drücken und Klebstoff auftragen.

3 Die Blüte auf die Oberfläche des Kegels setzen und etwa 1 Minute festdrücken, bis sie stabil haftet. Den Draht mit der Blüte in Steckschaum stecken.

4 Die Ränder der Blätter mit dem Kugel-Modellierstab ausdünnen.

5 Den Draht von unten in das Blatt stecken und sofort mit Floristenband umwickeln. Das Blatt trocknen lassen.

Variante

Manche Blüten (z. B. Rosen, s. S. 88) werden direkt am Draht geformt. Ausgestochene Blüten können ebenfalls an Draht befestigt werden. Dafür den Draht an der Schlaufe anfeuchten und durch ein Loch in die Mitte der Blüte stecken.

6 Die Drähte von 1–2 Blättern mit Floristenband verbinden. Die Blätter dann unter einer Blüte anbringen.

Jeden Blütenstiel einzeln umwickeln.

Nacheinander weitere Blüten und Blätter an das Gesteck binden.

Das Floristenband fest um die verbundenen Drähte wickeln und gut andrücken.

Patchwork-Cutter verwenden

Diese Cutter prägen dekorative Muster in die Oberfläche von Torten mit Fondant-Überzug oder in Fondant-Dekorationen. Die geprägte Deko können Sie dann nach Wunsch noch bemalen oder mit Spritztechnik kolorieren.

Zutaten

* Torte mit Fondant-Überzug oder ausgerollter Fondant
* Speisefarben-Spray oder Glitter (nach Wunsch)
* Speisefarbe (nach Wunsch)

Außerdem

* Patchwork-Cutter
* Kokosfett zum Arbeiten

Muster nach Wunsch kolorieren.

Zum Prägen einer Tortenoberfläche den Patchwork-Cutter leicht mit Kokosfett fetten. Dann gleichmäßig in die Oberfläche des Fondants drücken. Die geprägten Stellen nach Wunsch noch mit Speisefarben-Spray oder Speisefarben-Pulver betonen (s. S. 136).

Zum Prägen einer Plakette (oder einer anderen Dekoration aus ausgerolltem Fondant) den Patchwork-Cutter fetten und gleichmäßig in die Oberfläche drücken. Die Plakette auf Backpapier trocknen lassen. Das Muster nach Wunsch noch mit Speisefarbe verzieren (s. S. 136–137).

Patchwork-Formen ausstechen

Patchwork-Cutter verwendet man auch zum Ausstechen von Motiven aus Blütenpaste oder Fondant. Sehr dünne Dekorationen lassen sich besser ausstechen, trocknen aber schneller. Den Cutter gleichmäßig in die ausgerollte Masse drücken, dann vorsichtig abheben.

Zutaten

* Blütenpaste, andere Modelliermasse oder gestärkter Fondant (s. S. 87)
* essbarer Klebstoff

Außerdem

* Patchwork-Cutter
* Kokosfett zum Arbeiten
* Silikon-Ausrollstab

Tipp

Das ausgestochene Motiv lässt sich durch sanften Druck mit den Fingern leicht von oben aus dem Cutter lösen. Veining-Modellierstäbe und Zahnstocher eignen sich gut, um auch feinere Ecken und Kanten zu lösen.

1 Arbeitsfläche und Patchwork-Cutter leicht fetten. Die Blütenpaste mit dem Ausrollstab zur gewünschten Dicke ausrollen.

2 Den Cutter gleichmäßig fest in die Masse drücken. Zum Prägen zusätzlich leicht auf die inneren Teile drücken.

3 Die Masse vom äußeren Rand des Cutters entfernen. Erst dann das Motiv lösen und trocknen lassen.

4 Das Motiv auf die Torte kleben. Alternativ über Nacht trocknen lassen und dann aufrecht darauf befestigen.

Patchwork-Dekor

Durch das Schichten von mehreren mit dem Patchwork-Cutter ausgestochenen Elementen erzielen Sie einen dreidimensionalen Effekt. Das Ornament wird auf der Torte oder auf Backpapier zusammengesetzt. Beginnen Sie dabei immer mit dem größten Element.

Zutaten

* Blütenpaste, Modelliermasse oder gestärkter Fondant (s. S. 87)
* essbarer Klebstoff

Außerdem

* Patchwork-Cutter
* Kokosfett zum Arbeiten
* Silikon-Ausrollstab

Für Details mit dreidimensionalem Effekt

1 Den Patchwork-Cutter leicht mit Kokosfett fetten und ein Muster in eine Plakette aus Blütenpaste prägen.

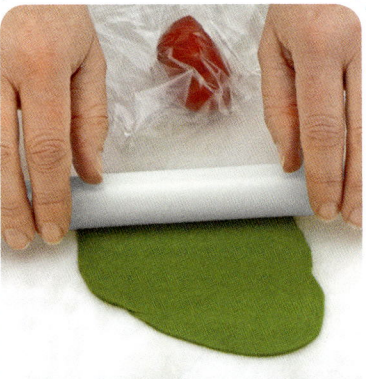

2 Die einzelnen Massen beim Arbeiten in Gefrierbeuteln lagern, damit sie formbar bleiben. Portionsweise dünn ausrollen.

3 Das Patchwork-Muster in einer anderen Farbe ausstechen und sauber auf das geprägte Muster legen.

4 Kleinere Elemente des Musters in anderen Farben ausstechen und auf die korrespondierenden Stellen setzen.

Leisten-Ausstecher verwenden

Leisten-Ausstecher funktionieren ähnlich wie Patchwork-Cutter: Man legt sie auf die ausgerollte Masse, drückt sie hinein und löst das Muster heraus. Gerne verwendet man sie für feinere Elemente wie Zahlen und Buchstaben.

Zutaten

* gestärkter Fondant (s. S. 87) oder Modelliermasse, ausgerollt
* Speisefarben-Pulver (nach Wunsch)
* essbarer Klebstoff

Außerdem

* Set Leisten-Ausstecher (Streifen und Zahlen)
* Kokosfett zum Arbeiten

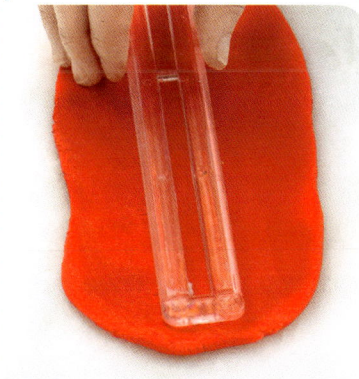

1 Fondant und Ausstecher leicht fetten. Dann mit dem Leisten-Ausstecher einen Streifen Fondant ausstechen. Reste entfernen.

2 Den Zahlen-Ausstecher quer über den Streifen legen und einzelne Ziffern ausstechen.

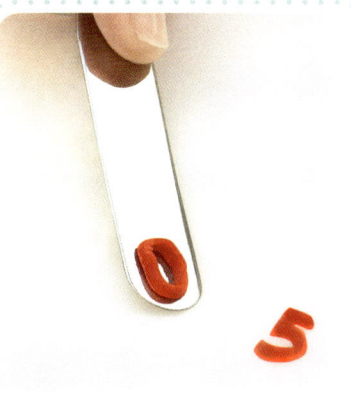

3 Überschüssigen Fondant mit einem scharfen Messer entfernen. Die Ziffern zum Trocknen mit einer Palette auf Backpapier legen.

4 Die getrockneten Ziffern nach Wunsch mit Speisefarbe kolorieren. Mit essbarem Klebstoff auf der Torte anbringen.

Tipp

Zum Lösen der ausgestochenen Formen den Ausstecher kräftig an den Rand einer harten Fläche klopfen. Falls die Formen verzogen sind, mit Modellierwerkzeug oder den Fingern wieder in Form bringen. Trocknen lassen.

Rollschneider verwenden

Mit Rollschneidern können Sie Bänder in vielen Größen und Formen aus Rollfondant schneiden und prägen. Die Bänder sind eine hübsche Torten-Deko. Aus gestärktem Fondant (s. S. 87) geschnitten, lassen sie sich auch zu Schleifen binden.

Zutaten

* Fondant, Blütenpaste oder andere Modelliermasse

Außerdem

* Rollschneider mit Aufsätzen
* Speisestärke zum Arbeiten
* Silikon-Ausrollstab

Bänder, Girlanden und Schleifen als Torten-Deko

Tipp

Die Ränder der Bänder ausdünnen und kräuseln (s. S. 97). Kurz antrocknen lassen, bevor die Bänder zum Dekorieren verwendet werden, damit sie ihre Form behalten. Jedoch nicht zu lange trocknen lassen, damit der Fondant nicht einreißt.

1 Den Rollschneider nach Bedarf mit Aufsätzen zum Schneiden oder Prägen ausstatten. Gewellte oder gezackte Aufsätze sorgen für Abwechslung. Den gewünschten Abstand mithilfe von speziellen Schiebern einstellen. Sorgfältig festschrauben, sodass sich die Aufsätze mit der Rolle drehen, jedoch nicht auf ihr.

2 Den Fondant auf der mit Speisestärke bestäubten Arbeitsfläche ausrollen. Dann den Rollschneider auf den unteren Rand des Fondants drücken und mit gleichmäßigem Druck nach oben rollen, sodass der Fondant durchtrennt wird. Wiederholen. Reste mit einem scharfen Messer durchtrennen bzw. abschneiden.

Bordüren-Ausstecher verwenden

Bordüren-Ausstecher funktionieren fast wie Patchwork-Cutter: Die Umrisse werden aus Fondant ausgestochen und die Oberfläche gleichzeitig geprägt. Auf diese Weise entstehen Bänder mit ganz verschiedenen Mustern. Es gibt zwei Arten, damit zu arbeiten.

Zutaten

* Streifen aus ausge-rolltem Fondant, Blü-tenpaste oder anderer Modelliermasse

Außerdem

* Bordüren-Ausstecher
* Speisestärke zum Arbeiten
* Silikon-Ausrollstab

Für feine Ornamente auf Bordüren

Tipp

Die Bordüren auf der Torte befestigen. Dafür die Rückseite leicht mit Wasser anfeuchten. Für gebogene Elemente, z. B. Schleifen, die Bordüren auf einer entsprechenden Unterlage über Nacht trocknen lassen.

Der Fondant wird auf den Ausstecher gelegt. Dafür den Ausstecher mit der scharfen Seite nach oben auf die mit Stärke bestäubte Arbeitsfläche legen. Den Fondant-Streifen vorsichtig darauflegen, sodass die Oberfläche bedeckt ist. Den Ausrollstab darüberrollen. Reste entfernen. Zum Lösen der Bordüre leicht auf den Tisch klopfen.

Der Ausstecher wird auf den Fondant gelegt. Dafür den Ausstecher auf den Fondant-Streifen legen und den Ausrollstab gleichmäßig und sorg-fältig von einer Seite zur anderen darüber-rollen. Den Ausstecher dann vorsichtig nach oben abheben.

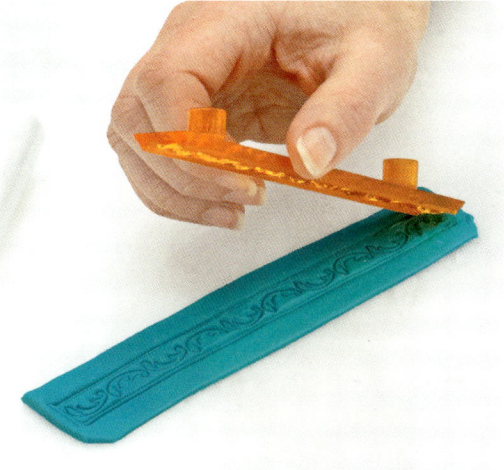

Silikonformen verwenden

Mit solchen elastischen Formen lässt sich pfiffige Deko formen, die auf Cupcakes, Mini-Tört-chen und auch auf Torten hübsch aussieht. Fetten oder bestäuben Sie die Formen großzügig, damit sich Ihre Deko problemlos daraus löst.

Zutaten

* gestärkter Fondant (s. S. 87), Blütenpaste oder Modelliermasse

Außerdem

* Silikonform
* Kokosfett zum Arbeiten
* Speisestärke zum Arbeiten

1 Die Silikonform gut fetten oder mit Stärke bestäuben, sodass auch die kleinsten Ecken und Ritzen bedeckt sind.

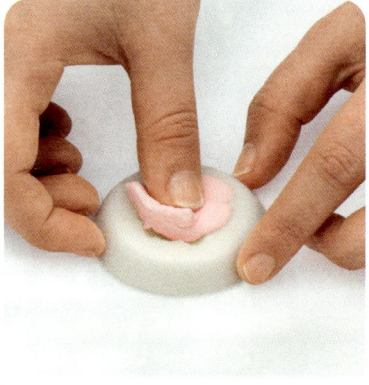

2 Etwas Fondant weich kneten. Mit dem Daumen in die Form drücken, bis sie komplett ausgefüllt ist.

Variante

Kleine Portionen Fondant in verschiedenen Farben nebeneinan-der in eine Form drücken. Die Form dann mit Fondant einer Grundfarbe komplett füllen und die einzelnen Portionen so verbinden. Mit Schritt 3 fortfahren.

3 Überstehenden Fondant abschneiden. Kurz trocknen lassen. Nicht gestärkten Fondant kurz in der Form einfrieren.

4 Die Silikonform leicht biegen und das Motiv so lösen. Unregelmäßigkeiten mit einem scharfen Messer entfernen.

Kunststoffformen verwenden

Ihre Kunststoffformen für Schokolade (s. S. 60) können Sie auch wunderbar zum Formen von dreidimensionalen Motiven benutzen. Doch bedenken Sie, dass Fondant in tiefen, breiten Formen länger trocknen muss, bis er seine Form hält.

Zutaten

* Blütenpaste, andere Modelliermasse oder gestärkter Fondant (s. S. 87)

Außerdem

* große Kunststoffformen
* Speisestärke zum Arbeiten

Ideal für plastische Motive und Deko

Tipp
Zum Bemalen müssen die Motive nicht vollständig getrocknet sein. Es reicht, wenn die Oberfläche sich nach etwa 1 Stunde trocken anfühlt. Überschüssige Stärke mit einem trockenen Pinsel entfernen. Fett mit Küchenpapier abtupfen.

1 Die Formen gut mit Stärke bestäuben, überschüssige Stärke entfernen. Die Blütenpaste kneten, bis sie elastisch ist.

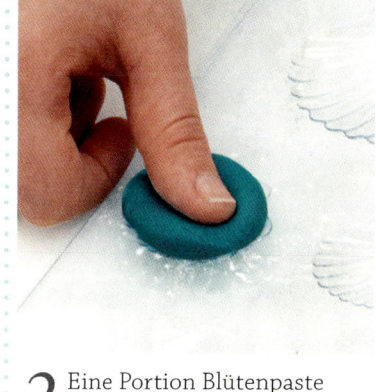

2 Eine Portion Blütenpaste in jede Vertiefung der Form drücken, bis diese vollständig ausgefüllt ist.

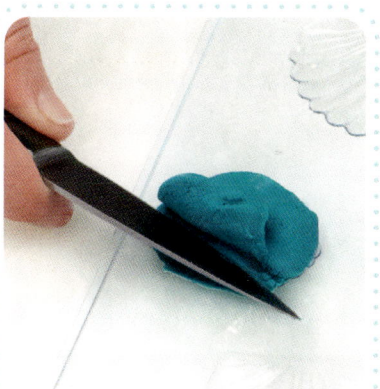

3 Überstehende Masse mit einem scharfen Messer entfernen. Etwa 30 Minuten tiefkühlen, bis die Paste fest ist.

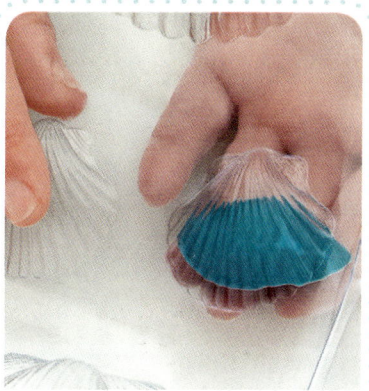

4 Gegen die Form klopfen, dann leicht nach außen biegen, sodass sich die Motive daraus lösen. Trocknen lassen.

Kunstharzformen verwenden

Kunstharzformen werden häufig mit Silikon-Einlagen angeboten. Damit lässt sich die Masse perfekt in die Form drücken. Solche Formen eignen sich besonders gut zum Anfertigen von Spitzenbändern, Bordüren und ähnlichen Verzierungen.

Zutaten

* mexikanische Blüten-paste, gestärkter Fondant (s. S. 87) oder andere Modelliermasse
* Speisefarben-Pulver
* essbarer Klebstoff

Außerdem

* Kunstharzform mit Silikon-Einlage
* Speisestärke zum Arbeiten
* Silikon-Ausrollstab
* Kugel-Modellierstab
* Drahtbürste
* Stecknadel

Tipp

In harten Kunstharzformen lassen sich Details wie Gesichtszüge besonders gut formen. Beim Lösen verzieht sich eine solche Form kaum und damit auch das geprägte Element nicht. Statt Speisestärke können Sie Kokosfett verwenden.

1 Die Form mit Spei-sestärke bestäuben. Umdrehen, auf die Arbeitsfläche klopfen, und so überschüssige Stärke entfernen. Die Blütenpaste auf der mit Speisestärke bestäubten Arbeits-fläche möglichst dünn ausrollen.

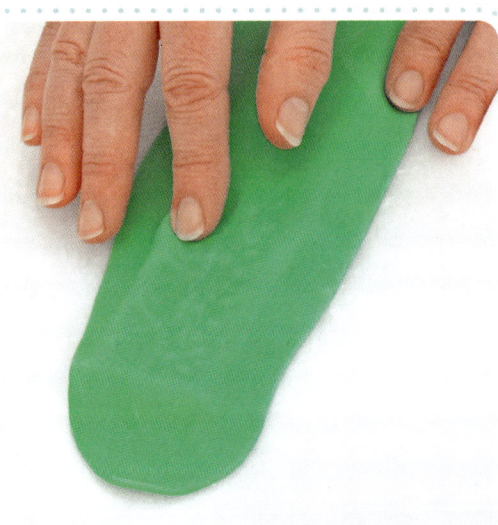

2 Die ausgerollte Paste vorsichtig über die Form legen und mit den Fingern sanft hineindrücken.

3 Die Silikon-Einlage auf die Paste in der Form legen. Mit dem Ausrollstab darüberrollen und die Einlage gleichmäßig in die Paste drücken. Überstehende Paste an den Seiten abschneiden.

4 Die Silikon-Einlage entfernen und den Modellierstab sanft über die Erhebungen reiben. So die Paste an den Stellen lösen, wo Details geprägt oder entfernt werden sollen.

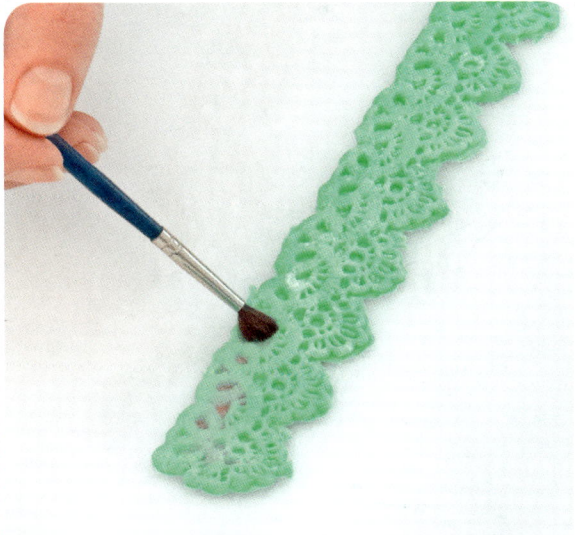

5 Mit der Drahtbürste über die gesamte Oberfläche fahren, um lose Stückchen zu entfernen. Die Paste mit der Stecknadel an einer Seite vorsichtig anheben und dann von der Form ziehen.

6 Das Spitzenband mit Speisefarben-Pulver kolorieren und mit essbarem Klebstoff oder etwas Wasser an der Torte anbringen. Alternativ für dreidimensionale Effekte gebogen trocknen lassen.

SCHABLONEN

Mit Schablonen lassen sich Muster sauber und professionell auf Torten und Dekorationen übertragen. Setzen Sie Ihre selbst geschnittenen oder im Fachhandel gekauften Schablonen gleich mehrfach ein: zum Kolorieren, zum Übertragen von Eiweißspritzglasur oder zum Prägen von Umrissen.

Tortenrand verzieren

Eine Schablone hilft dabei, Torten aller Größen rundum mit Eiweißspritzglasur zu verzieren. Diese Technik ist nicht ganz einfach. Deshalb üben Sie das Auftragen der Glasur am besten erst auf Fondant, bevor Sie sich an eine überzogene Torte wagen.

Zutaten

* Torte mit Fondant- oder Eiweißspritzglasur-Überzug
* Eiweißspritzglasur (s. S. 35)
* Speisefarbe (nach Wunsch)

Außerdem

* Schablone
* Puderzucker zum Arbeiten
* Kreppband
* Tortenglätter

1 Die Rückseite der Schablone leicht mit Puderzucker bestäuben. Die Schablone an der Stelle anbringen, die verziert werden soll. Dabei muss sie direkt auf der Oberfläche aufliegen. Die Schablone mit Kreppband fixieren. Dann rundherum mit dem Tortenglätter andrücken und so die Umrisse leicht in die Oberfläche prägen.

2 Die Eiweißspritzglasur nach Wunsch einfärben. Danach mit einer Palette in einer Richtung dünn auf der Schablone verstreichen. Die Glasur vollständig trocknen lassen, damit sie nicht verschmiert. Die Schablone entfernen und säubern. Diesen Vorgang nach Belieben wiederholen und so den gesamten Rand verzieren.

Tipp

Statt mit der Palette können Sie die Eiweißspritzglasur auch mit einer glatten Teigkarte auftragen. Das ist unkompliziert und sorgt für eine besonders glatte Oberfläche. Verschmierte Glasur mit einem Zahnstocher entfernen.

Filigrane Muster

Mit einer Schablone lassen sich selbst kleinteilige Muster aus Eiweißspritzglasur ganz einfach auf Torten übertragen. Die Glasur darf jedoch nicht zu flüssig sein, sonst läuft sie unter die Schablone und verschmiert. Optimal ist die Konsistenz von Zahnpasta.

Zutaten

* ❋ Torte mit Fondant- oder Eiweißspritzglasur-Überzug
* ❋ Eiweißspritzglasur (s. S. 35)

Außerdem

* ❋ Schablone
* ❋ Puderzucker zum Arbeiten
* ❋ Kreppband
* ❋ Silikon-Ausrollstab

Muster ganz einfach übertragen.

Tipp

Sobald sich eine feine Kruste auf der Oberfläche der Glasur bildet (Schritt 3), vorsichtig etwas Kokosfett über die Schablone reiben. Dann mit einem weichen Pinsel nach Wunsch Speisefarben-Pulver auf das Muster auftragen.

1 Die Rückseite der Schablone leicht mit Puderzucker bestäuben, damit sie nicht auf der Torte festklebt. Die Schablone auf die Stelle der Torte legen, auf die das Muster übertragen werden soll. Mit Kreppband fixieren.

2 Den Ausrollstab vorsichtig über die Schablone rollen und die Umrisse des Musters leicht in die Oberfläche der Torte prägen.

3 Die Eiweißspritzglasur vorsichtig mit einer Palette auf der Schablone verstreichen, bis das Muster vollständig bedeckt ist. Dabei nur in eine Richtung arbeiten.

4 Die Glasur in etwa 10 Minuten antrocknen lassen. Die Schablone an einer Seite leicht anheben und vorsichtig abziehen. Eventuell verschmierte Stellen mit einem Zahnstocher säubern.

Speisefarbe auftragen

Besonders gut lässt sich Speisefarbe mit Schablonen auftragen. Die angerührte Speisefarbe darf dafür jedoch nicht zu dünnflüssig sein, sonst verläuft sie. Vor dem Dekorieren muss der Fondant- oder Buttercreme-Überzug der Torte mindestens 24 Stunden trocknen.

Zutaten

* Torte mit Fondant oder Eiweißspritzglasur-Überzug
* Speisefarben-Pulver, angerührt mit Rejuvenator-Spirit oder Wodka

Außerdem

* Schablone
* Kokosfett zum Arbeiten

Filigrane Verzierungen …

Tipp

Arbeiten Sie nicht mit Speisefarben und Gels auf Wasserbasis, da sie leicht auslaufen. Mit Airbrush-Technik (s. S. 144–145) können Sie Speisefarben auch in mehreren Schichten gleichmäßig auftragen.

1 Die Rückseite der Schablone leicht mit Kokosfett fetten. Dann an der gewünschten Stelle auf der Torte befestigen.

2 Einen kleinen Pinsel in die Farbe tauchen und diese zunächst um die Ränder der Schablone auftragen.

3 Danach die Umrisse mit feinen Pinselstrichen gleichmäßig ausfüllen. Vollständig trocknen lassen.

4 Die Schablone entfernen. Fehler mit einem in Rejuvenator-Spirit getauchten Wattestäbchen entfernen.

Speisefarbe aufstäuben

Speisefarben-Pulver können Sie direkt auf Oberfläche und Rand einer Torte auftragen. Das Pulver wird einfach über die Schablone gesiebt oder mit dem Pinsel aufgetupft. Achten Sie beim Entfernen der Schablone darauf, dass kein Pulver herunterfällt.

Zutaten

* Torte mit Fondant oder Eiweißspritzglasur-Überzug
* Speisefarben-Pulver

Außerdem

* Schablone
* Kokosfett zum Arbeiten
* Kreppband (nach Wunsch)

... und raffinierte Muster

Tipp

Wird eine Schablone rund um die gesamte Torte gelegt, fetten Sie die Rückseite leicht mit Kokosfett und befestigen Sie die Schablone damit am Tortenrand. Alternativ die Schablone mit Kreppband befestigen.

1 Die Rückseite der Schablone leicht mit Kokosfett fetten. Dann an der gewünschten Stelle auf der Torte fixieren. Um die Schablone besser greifen zu können, nach Wunsch aus Kreppband kleine »Griffe« an den Seiten anbringen. Mit einem feinen Sieb etwas Speisefarben-Pulver auf die Schablone stäuben.

2 Die Schablone sehr vorsichtig abheben. Dabei die Schablone sehr gerade und stabil halten, damit kein Pulver auf die Oberfläche der Torte stäubt und das Muster ruiniert.

Prägen mit Schablonen

Für diese Technik verwendet man alle Schablonen, die flach aufliegen. Sie können damit Muster in ausgerollten Fondant prägen, bevor Sie eine Torte damit überziehen, aber auch zum Beispiel Bänder für eine Deko individuell verzieren.

Zutaten

* ausgerollter Fondant (nach Wunsch gestärkt, s. S. 87) oder Buttercreme (s. S. 27)
* Speisefarben-Pulver

Außerdem

* Kokosfett zum Arbeiten
* Schablone
* Silikon-Ausrollstab
* Veining-Modellierstab

Tipp

In Fondant geprägte Muster können auch mit Speisefarben-Stiften koloriert werden. Die Stifte lassen sich besser führen als Pinsel, sind für feinere Muster also besonders gut geeignet. Vor dem Kolorieren eines neuen Abschnittes den vorherigen trocknen lassen.

1 Die Oberfläche des Fondants leicht mit Kokosfett fetten. So rutscht die Schablone beim Prägen nicht ab und bleibt später nicht daran kleben. Durch das Fett haftet später zum Kolorieren verwendetes Speisefarben-Pulver auch besser am Muster.

2 Die Schablone auf den Fondant legen. Den Ausrollstab mit leichtem Druck darüberrollen und so den Fondant durch die Lücken der Schablone drücken. Wird eine große Schablone auf einem langen Fondant-Stück verwendet, von innen nach außen arbeiten und so die gesamte Oberfläche gleichmäßig prägen.

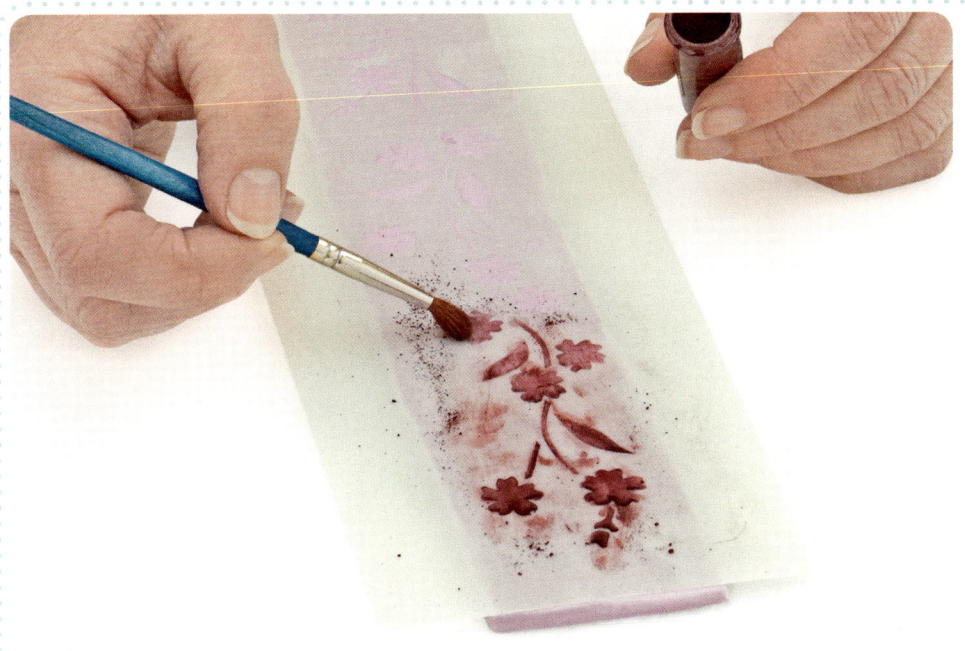

3 Das Speisefarben-Pulver mit einem feinen Pinsel auf die Oberfläche der Schablone tupfen oder streichen, bis das Muster vollständig bedeckt ist. Dann 1–2 Stunden ruhen lassen, damit sich das Pulver auf der Oberfläche absetzen kann. Danach überschüssiges Pulver mit einem weichen Pinsel entfernen.

4 Die Schablone vorsichtig abheben. Wird dabei Speisefarben-Pulver verschmiert, mit einem scharfen Messer oder einem Wattestäbchen entfernen. Mit dem Veining-Modellierstab eventuelle Unregelmäßigkeiten ausgleichen oder weitere Details hinzufügen.

Motiv-Schablonen

Mit Speisefarbe, Eiweißspritzglasur oder Airbrush-Technik lassen sich wunderschöne Motive auf Torten und andere Dekorationen übertragen. Um die Schablone voll auszunutzen, wiederholen Sie die Motive einfach. Oder konzentrieren Sie sich nur auf ein Detail.

Schmetterling
Verdünnte Speisefarbe lässt diesen Schmetterling fast durchsichtig erscheinen. Er passt gut auf Torten und Cupcakes mit floralem Thema.

Damast
Diese Muster können mit Eiweißspritzglasur oder Lebensmittelfarbe als Borte um eine Hochzeitstorte aufgetragen werden. Auch hüsch als Einzelmotiv auf der Oberfläche von Torten und Cupcakes.

Crewel-Stickerei
Das Muster der Schablone mit weißer oder farbiger Eiweißspritzglasur übertragen und zuletzt leicht mit Speisefarben-Pulver bestäuben.

Schmetterling
Den Schmetterling mit glänzendem Speisefarbenlack in verschiedenen Farben auf Torten oder Cupcakes übertragen.

Schmetterling
Die Umrisse dieses Schmetterlings mit einem feinen Zeichenpinsel übertragen. Wunderschön zwischen Blüten und Blättern.

Totenkopf

Mit verdünnter Speisefarbe erzielt man einen Bleicheffekt. Er eignet sich besonders für Piraten-Cupcakes oder-Schiffssegel aus Reispapier.

Kaiserkrone

Glitzerndes Speisefarben-Pulver mit Rejuvenator-Spirit anrühren. Mit der Schablone auf gestärkten Fondant übertragen, ausschneiden und als Dekoration verwenden.

Krönungskrone

Für einen weichen Effekt hellgoldenes Glitter-Pulver mit dem Pinsel direkt auftragen. Alternativ die Umrisse auf Torten prägen.

Fliedertapete

Das Crewel-Stickerei-Muster auf der gesamten Oberfläche einer Torte wiederholen. Mit fliederfarbenem Speisefarben-Pulver kolorieren.

Rosenstrauß

Rosa und grünes Speisefarben-Pulver jeweils mit Rejuvenator-Spirit verdünnen und mit einem Schwamm auftragen.

Rotbraune Zweige

Ein Detail einer größeren Schablone auswählen. Rotbraune Speisefarbe mit einem Schwamm oder Pinsel auf dieses Detail tupfen

Teddybären

Eine Reihe von Teddybären als Borte um eine Torte mit Fondant-Überzug übertragen. Auch süß: Einzelne Teddys auf Cupcakes.

KOLORIEREN

Von Pulver über Gel bis zu Paste – für das Kolorieren von Torten steht eine riesige Auswahl an Speisefarben zur Verfügung. Sie werden mit Pinseln, speziellen Stiften oder der Airbrush-Pistole aufgetragen. Mit der entsprechenden Technik erzielen auch Sie spektakuläre Effekte und verwandeln Ihr Backwerk in ein Kunstwerk.

Flüssige Lebensmittelfarben

Diese gebrauchsfertigen Lebensmittelfarben trägt man mit Pinseln oder Schwämmchen (s. S. 147) auf. Für größere Flächen verwendet man breite Pinsel, um mit jedem Pinselstrich so viel Fläche wie möglich zu kolorieren. Mehrere Farbschichten erzeugen nämlich Unebenheiten.

Zutaten

* Fondant-Bänder
* Speisefarbe (flüssig)
* Rejuvenator-Spirit oder Wodka (s. Tipp)

Mit jedem Pinselstrich so viel Fläche wie möglich abdecken.

Tipp

Die Pinsel nach jeder Verwendung mit Rejuvenator-Spirit oder Wodka reinigen, damit sie beim Trocknen nicht hart werden. Trocknet die Farbe bereits beim Arbeiten an, diese mit etwas Rejuvenator-Spirit verdünnen.

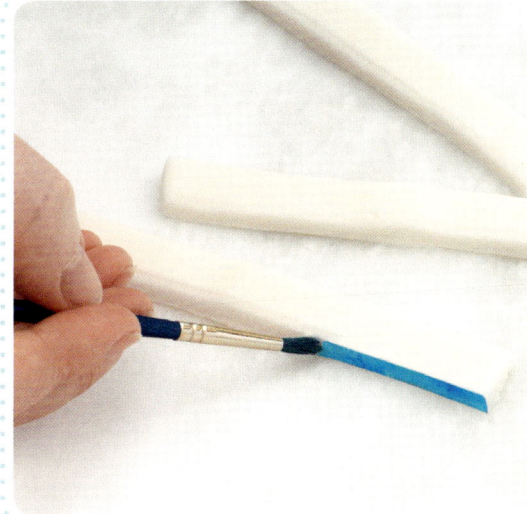

1 Die Fondant-Bänder mit etwas Abstand auf die Arbeitsfläche legen. Eventuell noch anhaftende Speisestärke mit einem sauberen, weichen Pinsel entfernen. Die Farbe gut schütteln und einige Tropfen auf eine Untertasse geben. Den Pinsel eintauchen und die Farbe gleichmäßig auf die Seiten der Bänder streichen.

2 Die Oberfläche der Bänder ebenso kolorieren. Dabei so wenig Pinselstriche wie möglich machen. Ist das Ergebnis unregelmäßig, die Farbe zuerst vollständig trocknen lassen. Dann eine zweite Schicht auftragen. Die Fondant-Bänder können vielseitig verwendet werden, z. B. als Planken für ein Piraten-Schiff.

Speisefarben-Pulver

Mit Speisefarben-Pulver können Sie die gesamte Torte kolorieren oder auch nur kleine Details betonen. Aber arbeiten Sie zügig und tragen Sie nur dünne Schichten auf, denn die mit Pulver angerührte Farbe trocknet schnell.

Zutaten

* Speisefarben-Pulver
* Rejuvenator-Spirit oder Wodka
* fertige Dekorationen aus Fondant oder Blütenpaste

Farbe und Glanz verleihen.

Tipp

Für individuelle Farbtöne verschiedene Speisefarben-Pulver mischen oder etwas Glitter zufügen. Zum Kolorieren großer Flächen eine große Menge anrühren, dabei den Rejuvenator-Spirit aber nur tröpfchenweise zugeben.

1 Etwas Speisefarben-Pulver in einem Schüsselchen mit einigen Tropfen Rejuvenator-Spirit zu einer glatten Paste verrühren.

2 Beim Kolorieren der Fläche von innen nach außen arbeiten, damit sich keine Farbe in der Mitte sammelt. Trocknen lassen.

3 Die Farbe mit einigen Tropfen Spirit auffrischen. Eine zweite Schicht auftragen. Für Details einen dünnen Pinsel verwenden.

4 Für feine Schattierungen oder Glanz-Effekte das Pulver nicht mit Rejuvenator-Spirit anrühren, sondern trocken auftragen.

Speisefarben-Stifte

Feine Details malt man mit Speisefarben-Stiften direkt auf Torten mit Fondant-Überzug oder auf Figuren aus Fondant oder Blütenpaste. Als Orientierung dienen dabei Schablonen oder geprägte Umrisse. Mit diesen Stiften können Sie auch frei zeichnen oder schreiben.

Zutaten

* fertige Dekorationen aus Fondant oder Blütenpaste
* Speisefarben-Stifte
* Rejuvenator-Spirit oder Wodka

Details aufmalen oder auf Fondant schreiben.

1 Die Dekoration auf die Arbeitsfläche legen. Dabei Teile, die beim Zeichnen eventuell wackeln, mit passenden Unterlagen stützen. Zuerst die größeren Flächen kolorieren. Nach Bedarf einen Stift mit breiter oder feiner Spitze verwenden.

2 Umrisse und kleine Details mit einem Stift mit feiner Spitze kolorieren. Zum Abdecken von Unregelmäßigkeiten die gleiche Farbe verwenden, zum Hervorheben von Details eine kontrastierende wählen. Bilden sich am Stift Kristalle, die Spitze in Rejuvenator-Spirit tauchen, die Kappe aufsetzen und kräftig schütteln. Den Stift dann 15 Minuten ruhen lassen.

Variante

Mit Ausstecher oder Schablone ein Muster in die Tortenoberfläche prägen. Kleine Flächen mit einem breiten, Umrisse mit einem feinen Stift kolorieren. Einen Pinsel in Spirit tauchen und die Übergänge verwischen oder die Farbe ausdünnen.

Speisefarben-Pasten

Diese Pasten verwendet man zum Bemalen von Fondant wie auch zum Einfärben von Glasuren, Modellierpasten oder Fondant. Sie werden je nach Bedarf mit Rejuvenator-Spirit oder Wodka verdünnt.

Zutaten

* Speisefarben-Pasten
* Rejuvenator-Spirit oder Wodka
* Torte mit Fondant-Überzug oder Fondant-/Blütenpaste-Dekorationen

Farbtöne variieren und Kontraste erzielen.

Tipp

Speisefarben-Pasten können Sie auch mit Wasser verdünnen. Die aufgetragene Farbe ist dann jedoch weniger gleichmäßig und braucht länger zum Trocknen. Rejuvenator-Spirit oder Wodka sind besser geeignet und trocknen wesentlich schneller.

1 Mit einem Zahnstocher etwas Speisefarben-Paste in ein Schüsselchen geben. Einige Tropfen Rejuvenator-Spirit zugeben und gleichmäßig verrühren.

2 Die Farbe sofort mit einem Pinsel auftragen. Bei Bedarf tröpfchenweise noch etwas Rejuvenator-Spirit untermischen, damit die angerührte Farbe flüssig bleibt.

Pinsel-Stickerei

Mit Eiweißspritzglasur, einem Ausstecher und einem Pinsel können Sie wunderschöne Dekorationen mit Oberflächenstruktur zaubern. Diese Technik nennt man Pinsel-Stickerei, denn die fertigen Muster gleichen bestickten Stoffen.

Zutaten

* Torte mit Fondant- oder Buttercreme-Überzug
* Eiweißspritzglasur, mit etwas Wasser verdünnt und nach Wunsch eingefärbt (s. S. 34–35)

Außerdem

* Ausstecher zum Prägen
* Spritzbeutel mit feiner Lochtülle

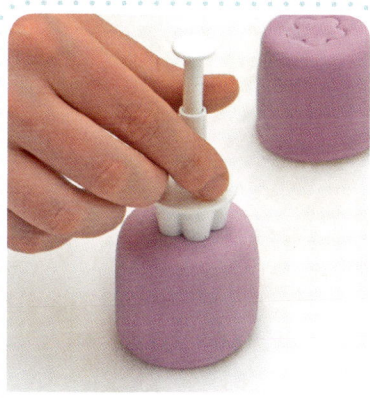

1 Mit dem Ausstecher vorsichtig einen Umriss in die Oberfläche der Torte prägen. Einige Stunden trocknen lassen.

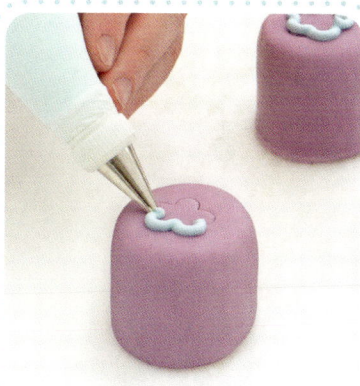

2 Die Eiweißspritzglasur in den Spritzbeutel füllen und entlang des Umrisses aufspritzen.

Tipp

Den Pinsel immer feucht halten und nach drei bis vier Strichen erneut in Wasser tauchen. Ist der Stickerei-Effekt erreicht, können Sie noch weitere Details wie Blütenstempel oder Blattstiele aufspritzen. Trocknen lassen.

3 Einen Pinsel mit Wasser anfeuchten. Dann mit kurzen gleichmäßigen Strichen durch die Glasur zur Mitte hin ziehen.

4 Sobald der gewünschte Effekt erreicht ist, nach Wunsch weitere Details aufspritzen.

Spritzglasur-Dekorationen

Für solide Dekorationen aus Eiweißspritzglasur spritzt man zuerst die Umrisse auf und füllt sie dann mit Glasur aus. Vollständig getrocknet können solche Motive dann auch stehend auf Torten angebracht werden. Aber Vorsicht, diese Deko ist sehr zerbrechlich!

Zutaten

* Eiweißspritzglasur (s. S. 34–35), nach Wunsch eingefärbt

Außerdem

* Azetatfolie
* Kokosfett zum Arbeiten
* Schablone aus Pappkarton oder Backpapier
* Spritzbeutel mit feiner Lochtülle
* Spritzbeutel mit großer Lochtülle

Variante

Für stabilere Dekorationen mehrere Lagen Eiweißspritzglasur übereinander auftragen und jeweils 24 Stunden trocknen lassen. Für bunte Dekorationen einzelne Flächen mit unterschiedlichen Farben ausfüllen.

1 Die Azetatfolie über die Schablone legen, sodass die Umrisse durch die Folie hindurch zu erkennen sind. Die Folie leicht mit Kokosfett fetten. Alternativ die Schablone unter Backpapier legen und die Umrisse nachziehen.

2 Mit der feinen Lochtülle Eiweißspritzglasur auf die Umrisse spritzen. Einige Stunden trocknen lassen, sodass ein fester »Damm« entsteht. Soll die Dekoration mit unterschiedlichen Farben ausgefüllt werden, müssen alle Umrisse in den entsprechenden Farben gespritzt werden. Vollständig trocknen lassen.

3 Zum Ausfüllen die Eiweißspritzglasur etwas
verdünnen. Dafür wenig Wasser auf die
Glasur sprühen oder tröpfchenweise zugeben und
unterrühren, bis die Konsistenz der Glasur einem
Shampoo gleicht. Zur Probe einen Löffel durch die
Glasur ziehen. Fließt die entstandene Spur inner-
halb von 10 Sekunden wieder zusammen, hat die
Glasur die richtige Konsistenz. Die Folie mit dem
getrockneten Umriss auf ein Brettchen legen. Die
verdünnte Glasur in den Spritzbeutel mit großer
Lochtülle füllen und die Umrisse damit ausfüllen.
Dabei von innen nach außen arbeiten und die
Umrisse gleichmäßig und vollständig ausfüllen.
Das Brettchen vorsichtig auf die Arbeitsfläche klop-
fen und so eventuelle Luftbläschen lösen. (Bleiben
Luftbläschen in der Glasur zurück, ist die getrock-
nete Deko noch zerbrechlicher.)

4 Die Dekoration mindestens 24 Stunden
trocknen lassen, dann erst weitere Details
aufbringen. Mit einer Palette vorsichtig von der
Folie heben und mit 1 Tropfen Glasur auf der Torte
anbringen. Alternativ einen Zahnstocher oder
Draht mit Glasur an der Deko befestigen und diese
aufstellen.

Die Dekoration
*kann mehrschichtig
sein (s. S. 220–222).*

Blüten kolorieren

Blüten aus farbiger Blütenpaste oder Fondant wirken noch plastischer, wenn sie bemalt oder auf andere Weise getönt werden. Damit ihre Oberfläche schön glänzt, werden Blüten aus Blütenpaste ganz zuletzt mit Dampf behandelt.

Zutaten

* ❋ Rosen aus Blütenpaste oder Blüten aus Fondant oder Modelliermasse
* ❋ Speisefarben-Pulver für Blüten
* ❋ Rejuvenator-Spirit oder Wodka (nach Wunsch)

Außerdem

* ❋ Styropor oder Steckschaum

Blüten für sanften Glanz dämpfen.

Tipp
Die Blüten nicht länger als einige Sekunden in den Dampf halten, damit sie sich nicht auflösen. Aus dem Dampf nehmen, sobald sie leicht glänzen und auf Backpapier oder Styropor trocknen lassen. Den Draht mit einer Zange halten.

1 Die Rosen auf die Arbeitsfläche legen. Sie müssen vollständig getrocknet sein. Bereits an Draht befestigte Blüten aufrecht in Styropor stecken.

2 Etwas Farbpulver auf eine Untertasse geben. Einen Pinsel hineintauchen, vorsichtig etwas Pulver auf die Innenseite der Rosenblätter auftragen und zum Rand hin verstreichen. Dabei von innen nach außen arbeiten. Für einen realistischen Kontrast im Blüteninneren und an den Rändern dunklere Schattierungen verwenden.

3 Auf die Außenseite der Rosen das Speisefarben-Pulver mit kleinen gleichmäßigen Pinselstrichen auftragen. Dabei von unten nach oben arbeiten. Nach Wunsch etwas Pulver mit Rejuvenator-Spirit zu einer glatten Paste verrühren (s. S. 136). Diese Paste an den Stellen auftragen, wo die Farbe besonders dunkel sein soll, z. B. an der Unterseite der Rosenblätter. **Achtung:** Blüten aus Fondant oder Modelliermasse nicht mit Dampf behandeln, sondern über Nacht trocknen lassen. Danach weiterverwenden.

Zum Behandeln von Blüten aus Blütenpaste mit Dampf in einem kleinen Topf Wasser aufkochen. Die Blüten nacheinander einige Sekunden in den Dampf halten und drehen, bis sie rundum feucht glänzen. Der Dampf fixiert das Speisefarben-Pulver.

Orchideen aus Blütenpaste (s. S. 90)

Airbrush-Technik

Die Airbrush-Technik eignet sich zum Auftragen einer gleichmäßigen Grundierung aus Speisefarbe wie auch zum Auftragen von Schattierungen und Details. Diese Methode müssen Sie zuerst auf Küchen- oder Zeitungspapier üben. Aber das lohnt sich!

Zutaten

* Torte mit Fondant-Überzug
* Speisefarbe (flüssig)
* Rejuvenator-Spirit oder Wodka (nach Wunsch)

Außerdem

* Airbrush-Set

Torten gleichmäßig grundieren.

Variante

Mit Airbrush-Technik können Sie dreidimensionalen Torten mehr Tiefe verleihen. Sprühen Sie z. B. bei einem Kürbis dunkles Orange in die Rillen oder besprühen Sie die Mitte eines Ballons mit einer helleren Schattierung.

1 Die Arbeitsfläche rund um die Torte und die Tortenplatte mit Zeitungs- oder Backpapier abdecken. Die Speisefarbe in die Airbrush-Pistole füllen. Die Pistole mit 20 cm Abstand im 45°-Winkel zur Torte halten und die Farbe mit ruhig schwingenden Bewegungen auf die Oberfläche sprühen.

2 Die Farbe trocknen lassen. Inzwischen die Farbe aus der Pistole entfernen und diese reinigen, damit der Lauf nicht verstopft. Die zweite Farbe in den Behälter der Pistole füllen.

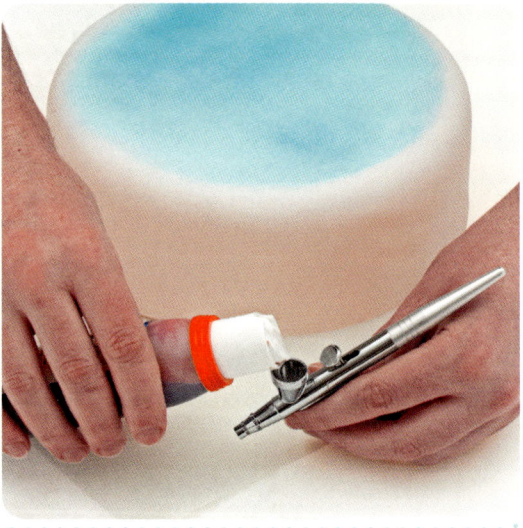

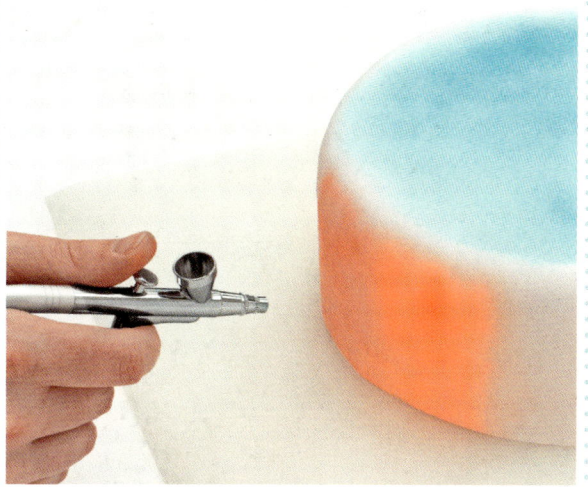

3 Die Pistole dann im 90°-Winkel halten und für das Regenbogen-Design eine abgegrenzte Fläche auf den Rand sprühen. Dabei von unten nach oben sprühen und den Winkel nach Bedarf variieren.

4 Die Pistole erneut reinigen, mit der nächsten Farbe befüllen und diese möglichst gleichmäßig neben die erste auf den Rand sprühen.

5 Wie beschrieben fortfahren und so nacheinander alle Farben auftragen. Die Übergänge nach Belieben mit der Klinge eines scharfen Messers ausarbeiten oder mit einem in Rejuvenator-Spirit getauchten Pinsel verwischen (wie abgebildet).

Tipp
Für intensivere Farben mehrere feine Lagen übereinandersprühen. Sprühen Sie jedoch keine unterschiedlichen Farben übereinander, da sie sich sonst vermischen – es sei denn, Sie möchten Sekundärfarben kreieren.

Speisefarbe verdünnen

Verwaschene Speisefarbe zaubert zarte Grundierungen und betont geprägte Umrisse oder besondere Oberflächen. Zu diesem Zweck wird flüssige Speisefarbe stark verdünnt, Pulver und Pasten werden mit Rejuvenator-Spirit angerührt (s. S. 136 und 138).

Zutaten

* ❋ Speisefarbe (flüssig, Paste oder Pulver) in 2 Farben
* ❋ Rejuvenator-Spirit oder Wodka
* ❋ Torte mit Fondant-Überzug und Prägung

Zarte Grundierungen zaubern ...

Variante

Verdünnte Farbe auf die Torte auftragen und dann sofort mit einem sauberen, trockenen Pinsel zuerst in die eine, dann die andere Richtung verstreichen. Oder die Farbe mit zusammenge-knülltem Küchenpapier auftupfen.

1 Die Speisefarbe mit Rejuvenator-Spirit verdünnen. Dann mit einem Pinsel auf die Torte streichen. Die Farbe dabei nach Wunsch gleichmäßig oder ungleichmäßig auftragen. Für eine dunklere Schattierung zwei Farbschichten auf-tragen. Überschüssige Farbe darf sich in den Rillen des geprägten Musters sammeln.

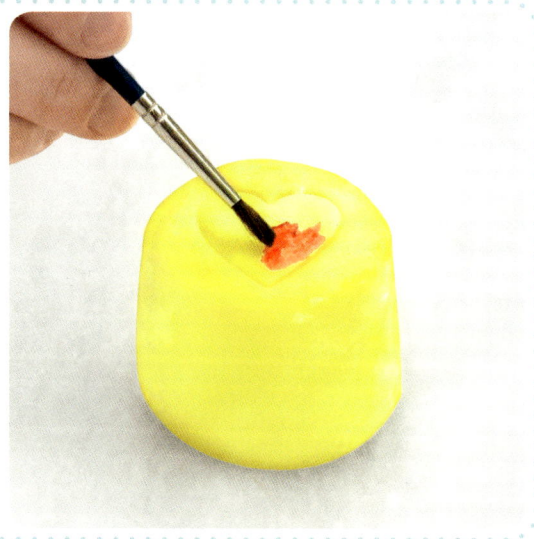

2 Kleine Flächen oder Details eines gepräg-ten Musters (wie das abgebildete Herz) mit einer zweiten verdünn-ten Farbe kolorieren. Dafür eventuell einen feineren Pinsel verwen-den. Trocknen lassen.

Speisefarbe auftupfen

Durch das Auftupfen von Farbe mit Flachpinsel oder Schwamm erzielt man feine Schattierungen und besondere Effekte auf Torten und Dekorationen. Experimentieren Sie ruhig mit mehreren Schichten und verschiedenen Farben.

Zutaten

* Speisefarbe (flüssig, Paste oder Pulver)
* Rejuvenator-Spirit
* Torte mit Fondant- oder Buttercreme-Überzug

Außerdem

* Flachpinsel oder Steckschwamm
* Schwamm

... und verschiedene Effekte kreieren.

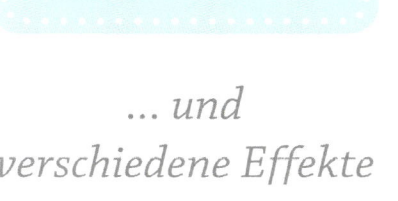

Tipp
Damit der gewünschte Effekt auch wirklich entsteht, mehrere Schichten einer Farbe mit Schwamm oder Flachpinsel auf die Torte tupfen. Wie Stoff beispielsweise wirkt die Oberfläche, wenn eine helle auf eine dunklere Farbe getupft wird.

1 Für den Pinsel die Speisefarbe stark mit Rejuvenator-Spirit verdünnen. Die Pinselspitze eintauchen.

2 Die Farbe mit dem Pinsel auf die gesamte Oberfläche der Torte tupfen. Trocknen lassen. Nach Wunsch wiederholen.

1 Mit dem Schwamm dickflüssigere Farbe auftragen. Den Schwamm in die Farbe tauchen und auftupfen. Trocknen lassen.

2 Den Schwamm gut auswaschen. Dann nach Wunsch eine zweite Farbe auftupfen.

BILDER UND FOTOS

Seit es die Möglichkeit gibt, Bilder und Fotos auf Reispapier oder Fondant zu drucken, ist ein ganz neues Tortendesign entstanden. Mit dem geeigneten Drucker können Sie die Motive selbst ausdrucken oder Sie beauftragen ein Profilabor damit. Die Bilder befestigen Sie dann einfach auf Ihrer Torte. Was für ein Spaß!

Bilder auf Reispapier

Reispapier gibt es in verschiedenen Farben mit unterschiedlichen Motiven. Es lässt sich falten und biegen, ohne zu brechen. Bedruckt mit Schmetterlingen zum Beispiel ist es eine ideale Tortendeko. Einfach ausschneiden und nach Wunsch noch verzieren.

Zutaten

* ✳ Reispapier, bedruckt mit lebensmittelechter Tinte
* ✳ Speisefarben-Gel
* ✳ essbarer Glitter

Deko aus Reispapier kann gefaltet und gebogen werden.

Variante

Sie können Reispapier auch selbst mit essbarer Tinte bedrucken. Dafür müssen Sie Papier in der richtigen Stärke wählen, sonst verläuft die Tinte. Und erkundigen Sie sich, ob das Reispapier wirklich zum Bedrucken geeignet ist.

1 Das Reispapier auf die Arbeitsfläche legen. Die Schmetterlinge vorsichtig ausschneiden und bis zur Verwendung auf Backpapier legen. Mit Speisefarben-Gel verzieren und einige Stunden, besser über Nacht, trocknen lassen.

2 Sobald sich das Gel gummiartig anfühlt, den Glitter darüberstreuen. Die Schmetterlinge für einen dreidimensionalen Effekt vorsichtig biegen oder falten. In einem aufgeschlagenen Buch trocknen lassen. Mit essbarem Klebstoff oder Eiweißspritzglasur auf der Torte anbringen.

Fotos auf Fondantpapier

Spezialanbieter drucken auch Fotos auf Fondantpapier. Die müssen Sie dann nur noch ausschneiden und auf ausgerollter Blütenpaste, gestärktem Fondant oder direkt auf der Torte anbringen. Das Fondantpapier in einem gut verschlossenen Gefrierbeutel aufbewahren.

Zutaten

* bedrucktes Fondantpapier
* gestärkter Fondant (s. S. 87)
* Cupcakes mit Buttercreme-Topping (nach Wunsch)

Außerdem

* Silikon-Ausrollstab
* Speisestärke zum Arbeiten

Bilder auf ausgerollten Fondant übertragen.

Tipp

Sie können auch mit Mustern bedrucktes Fondantpapier zur Dekoration Ihrer Torten verwenden. Ein Leopardenmuster beispielsweise macht eine Handtaschen-Torte erst so richtig chic! Die Möglichkeiten sind endlos.

1 Die aufgedruckten Fotos vorsichtig mit einer Schere aus dem Fondantpapier ausschneiden. Beiseitelegen. Den Fondant mit dem Ausrollstab auf der mit Speisestärke bestäubten Arbeitsfläche bis zur gewünschten Dicke ausrollen.

2 Den ausgerollten Fondant mit einem Backpinsel leicht mit Wasser anfeuchten. Die Bilder möglichst dicht nebeneinander darauflegen. Einige Minuten antrocknen lassen, dann mit einem scharfen Messer ausschneiden.

3 Die ausgeschnittenen Fotos mit der Bildseite nach oben auf Backpapier legen. Über Nacht trocknen und hart werden lassen.

4 Die Rückseite der Fotos leicht mit Wasser anfeuchten, auf den Cupcakes platzieren und leicht andrücken.

Variante

Um selbst Fondantpapier zu bedrucken, müssen Sie Ihren Drucker dafür einrichten und mit essbarer Tinte ausstatten. Oder Sie schicken die gewünschten Fotos als Datei an ein Speziallabor zum Ausdrucken.

DER LETZTE SCHLIFF

*Lieber einen Überzug aus essbarem Lack oder eine
Dekoration aus gesponnenem Zucker? Ganz egal, wofür
Sie sich entscheiden, mit einfachen Mitteln erzielen Sie
atemberaubende Effekte. Auch schöne Bänder, frische
Blumen, Silber-Dragees und essbare Juwelen verwandeln
jede Torte in ein Kunstwerk.*

Essbarer Glitter

Essbarer Glitter wird direkt auf Torten gestäubt wie auch zum Verfeinern von Fondant-Dekorationen verwendet. In unserem Beispiel wird er mit Speisefarben-Gel oder Eiweißspritzglasur zu einer dekorativen Paste gemischt.

Zutaten

* essbarer Glitter (Flocken)
* essbarer Glitter (Pulver)
* Speisefarben-Gel oder Eiweißspritzglasur
* Plakette aus Fondant oder Blütenpaste

Außerdem

* Ausstecher zum Prägen
* Spritzbeutel mit Lochtülle

Mit Glitter-Flocken verzieren.

Variante

Mit einem feinen Pinsel essbaren Klebstoff auf eine Dekoration oder geprägte Umrisse auftragen. Dann Glitter-Pulver oder -Flocken darüberstreuen und trocknen lassen. Überschüssigen Glitter mit einem großen, weichen Pinsel entfernen.

1 Glitter-Flocken und/oder -Pulver mit einem Pinsel unter das Gel mischen, bis der gewünschte Glitter-Effekt erreicht ist. Das Gel wird nicht ganz fest. Für Verzierungen, die richtig hart werden sollen, Eiweißspritzglasur verwenden.

2 Mit dem Ausstecher ein Muster in die Fondant-Plakette prägen. Die Glitter-Paste in den Spritzbeutel füllen und auf die geprägten Umrisse spritzen. Über Nacht trocknen lassen.

Zucker-Juwelen verwenden

Essbare Edelsteine wirken fast wie echte und sind eine edle Deko. Doch lagern Sie die »Juwelen« in luftdicht schließenden Behältern und dekorieren Sie sie erst ganz zuletzt. Bei Kontakt mit Feuchtigkeit lösen sie sich leider schnell auf!

Zutaten

* gestärkter Fondant (s. S. 87)
* Cupcakes mit Buttercreme-Topping
* Eiweißspritzglasur (s. S. 34–35)
* große Zucker-Diamanten

Außerdem

* Speisestärke zum Arbeiten
* großer Blüten-Ausstecher
* Pinzette

Die Zucker-Juwelen erst kurz vor dem Servieren auflegen.

1 Den Fondant auf der mit Speisestärke bestäubten Arbeitsfläche bis zur gewünschten Dicke ausrollen. Mit dem Ausstecher Blüten (oder beliebige andere Formen) ausstechen. Antrocknen lassen, bis der Fondant etwas stabiler ist.

2 Die Rückseite der ausgestochenen Motive mit Wasser anfeuchten und auf die Cupcakes legen. In die Mitte jeder Blüte etwas Glasur spritzen und mit der Pinzette jeweils einen Zucker-Diamanten daraufsetzen.

Bänder einweben

Diese Technik klappt am besten bei Torten, die vollständig mit Fondant überzogen wurden und dann mindestens 1 Tag ruhen durften. Kaufen Sie genug Band, sodass es für den gesamten Tortenrand reicht. Reste können Sie auch in die Oberfläche einweben.

Zutaten

* Torte mit Fondant-Überzug

Außerdem

* spitzes Messer
* Pinzette
* Satinband, in 1 cm breite Stücke geschnitten

1 Den Fondant-Überzug etwa 2,5 cm über dem Tortenboden mit dem Messer in 5 mm Abstand gleichmäßig einschneiden. Dabei müssen die Schnitte etwas länger sein als das Band breit ist. Unter jeden Schnitt im Abstand von 1 cm einen parallelen Schnitt setzen.

Variante

Alternativ essbare Bänder aus Blütenpaste herstellen (s. S. 118–119). Diese vorsichtig in den Fondant stecken, solange sie weich und biegsam sind. Auch bedrucktes Fondant-Papier (s. S. 150–151) ist eine schöne Alternative.

2 Mit der Pinzette vorsichtig ein Ende eines Satinstücks in einen oberen Schnitt stecken. Das Band dann nach unten biegen und das andere Ende in den unteren Schnitt stecken. Wiederholen und so alle Schnitte mit Band füllen. Die Bänder dann mit den Fingern vorsichtig glätten.

Steppnähte und Dragees

Mit Kopierrädchen und Schneidematte können Sie Linien in Fondant prägen, die aussehen wie Steppnähte. Solche Muster machen sich besonders gut auf Motivtorten wie der Handtaschen-Torte (s. S. 202–203). Die Ecken zuletzt mit silbernen Zucker-Dragees dekorieren.

Zutaten

- ❀ Fondant (s. S. 46–47)
- ❀ Torte mit Fondant-Überzug, nach Wunsch mit Band dekoriert
- ❀ Silber-Dragees

Außerdem

- ❀ Speisestärke zum Arbeiten
- ❀ Schneide-/Fondant-Matte mit Quadrat-Muster
- ❀ Kopierrädchen (Schneider-Bedarf)
- ❀ Lineal oder Teigkarte (für gerade Linien)
- ❀ runder Ausstecher (5 cm Ø)
- ❀ Pinzette

Tipp

Mit Eiweißspritzglasur halten die Dragees besser. Da die Glasur schnell trocknet, müssen Sie zügig arbeiten, damit die Dragees daran haften. Die Glasur bleibt länger feucht, wenn Sie etwas Speisefarben-Gel untermischen.

1 Den Fondant auf der mit Stärke bestäubten Matte ausrollen. Mit Kopierrädchen und Lineal horizontale Linien einprägen.

2 Danach in gleichmäßigem Abstand vertikale Linien in den Fondant prägen, sodass ein Quadratmuster entsteht.

3 Mit dem Ausstecher Kreise ausstechen und mit einer Palette vorsichtig auf die Torte legen. Leicht andrücken.

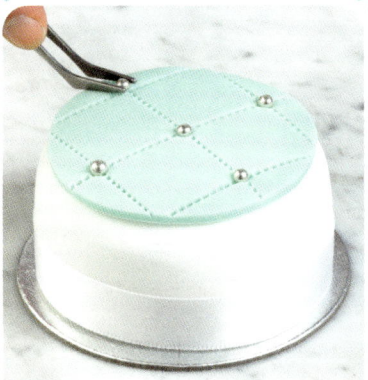

4 Die Dragees mit der Pinzette auf die Ecken der geprägten Quadrate setzen und vorsichtig andrücken.

Verzieren mit dem Kneifer

Kneifer ähneln Pinzetten, sind jedoch am vorderen Rand gezackt oder gewellt. Damit prägt man Muster in mit Fondant überzogene Tortenplatten, Torten oder Dekorationen. Ein Gummiband um den Kneifer bestimmt, wie breit das Muster wird.

Zutaten

* Tortenplatte oder Torte mit Fondant-Überzug
* Speisefarben-Pulver

Außerdem

* Kneifer
* Borsten-Backpinsel

Muster in Torten und Tortenplatten prägen.

1 Den Kneifer senkrecht über die Tortenplatte halten, dann in die Oberfläche des Fondants drücken (aber nicht bis auf den Boden der Platte). Die Schenkel des Kneifers kurz leicht zusammendrücken und wieder loslassen.

2 Den Kneifer vorsichtig aus dem Fondant ziehen. So fortfahren, bis die Tortenplatte nach Wunsch geprägt ist. Dabei den Kneifer niemals aus dem Fondant ziehen, bevor der Druck auf die Schenkel gelöst wurde. Sonst wird der Fondant beschädigt. Zuletzt Speisefarben-Pulver auftragen.

Tipp

Auch Metallic-Speisefarben-Pulver kann mit Rejuvenator-Spirit zu einer Paste verrührt werden (s. S. 136). Für einen leichten Schimmer Metallic-Pulver mit normalem Speisefarben-Pulver mischen oder direkt unter Fondant kneten.

Gesponnener Zucker

Aus gesponnenem Zucker kann man ganz besondere Dekorationen herstellen, z. B. Rauch für einen Schornstein, Vogelnester oder Spinnweben. Damit der Zucker nicht kristallisiert, werden die Seiten des Topfs mit kaltem Wasser bepinselt.

Zutaten

* 250 g Zucker

Außerdem

* Borsten-Backpinsel
* Zuckerthermometer
* Teigroller

Rauch, Nester und Spinnweben aus Zuckerfäden

Variante

Vor dem Kochen zusätzlich einige Tropfen grüne Speisefarben-Paste zum Zucker geben. Wie beschrieben fortfahren. In Schritt 4 die Zuckerfäden in Form eines Tannenbaums vorsichtig um einen Lutscherstiel drücken.

1 Zucker und 240 ml Wasser in einem Topf erhitzen. Nicht umrühren. Die Seiten des Topfes mit kaltem Wasser abpinseln.

2 Die Zuckerlösung auf 155 °C erhitzen. Den Topf vom Herd nehmen und in ein kaltes Wasserbad stellen.

3 Eine Gabel in den Sirup tauchen und über dem Teigroller schnell hin und her bewegen und so feine Fäden spinnen.

4 Die Fäden mit den Händen zusammenfassen und nach Belieben formen. Auf Backpapier abkühlen und fest werden lassen.

Farb- und Lacksprays

Essbare Farb- oder Lacksprays in verschiedenen Schattierungen runden die Dekoration von Torten wunderbar ab. Im Fachhandel gibt es auch Sprays mit Glitter- oder Metallic-Effekt. Klarer Lebensmittel-Lack sorgt für glänzende Oberflächen.

Zutaten

* Törtchen mit Überzug
* Speisefarben-Spray
* klarer Lebensmittel-Lack
* Eiweißspritzglasur
  (s. S. 34–35)
* Silber-Dragees

Metallic Spray
für den besonderen
Glanz.

Tipp

Sprühglasur für Schokolade können Sie auch für Torten verwenden. Anders als normale Schokoladen-Glasur lässt sie sich gleichmäßiger auftragen und trocknet deutlich schneller.

1 Die Törtchen auf Backpapier setzen und so die Arbeitsfläche beim Besprühen schützen.

2 Die Sprühdose schütteln und die Törtchen aus 15 cm Entfernung gleichmäßig fein mit Farbe besprühen.

3 Trocknen lassen. Danach eine feine Schicht Lack darübersprühen. Wieder trocknen lassen, dann dekorieren.

Für Dragee-Borten in regelmäßigem Abstand Spritzglasur-Punkte um den Rand der Törtchen spritzen. Je 1 Dragee daraufsetzen.

Zuckerblüten anbringen

Einzelne Blüten bringt man mit etwas Eiweißspritzglasur auf Torten an. Größere Blüten und Gestecke dagegen müssen mit Blumensteckern (Flower Spikes) befestigt werden. Gestecke und Sträuße vor dem Anbringen auf der Torte in Steckschaum arrangieren.

Zutaten

- ❋ Torte mit Fondant- oder Buttercreme-Überzug
- ❋ Blüten und Blätter aus Fondant/Blütenpaste, an Draht (s. S. 88–89)
- ❋ essbarer Klebstoff
- ❋ klarer Lebensmittel-Lack (nach Wunsch)

Außerdem

- ❋ Tortendrehplatte
- ❋ Blumenstecker

Variante

Für Sträuße mit einem Kranz aus Blättern beginnen. Größere Blüten in die Mitte stecken, dann kleinere Blüten und Blätter rundum arrangieren. Die Stängel mit einem Fondant-Band umwickeln und eine Schleife daransetzen.

1 Die Torte auf die Drehplatte stellen. Die größte Blüte in einen Blumenstecker setzen und in den Tortenrand stecken.

2 Dann kleinere Blüten in einen Blütenstecker setzen. So auf der Torte arrangieren, dass kein Draht mehr zu sehen ist.

3 Weitere Blüten dazwischenstecken und so die Lücken füllen. Blätter ebenfalls mit Blumensteckern anbringen.

4 Zum Versiegeln und für den Glanz die Blüten nach Wunsch mit einer feinen Schicht Lack überziehen (s. S. 159).

Frische Blumen anbringen

Frische Blumen machen großen Eindruck auf Torten und geben ihnen einen saisonalen Look. Wählen Sie dafür essbare Blüten wie Rosen und Stiefmütterchen und verwenden Sie unbedingt Blumenstecker. Niemals die Blumenstiele direkt in die Torte stecken!

Zutaten

* ❋ frische essbare Blumen, 1 Std. in lauwarmes Wasser gelegt
* ❋ Torte mit Fondant- oder Buttercreme-Überzug
* ❋ Schokoladen-oder andere Buttercreme (s. S. 24–25)

Außerdem

* ❋ (Garten-)Schere
* ❋ Tortendrehplatte
* ❋ Blumenstecker
* ❋ Spritzbeutel mit Lochtülle (nach Wunsch)

Variante

Für ein Gesteck einen Kunststoffteller mit Buttercreme auf der Torte befestigen, feuchten Steckschaum darauflegen und einen Dübel durch Schaum, Teller und Torte stecken. Zuletzt die Blüten im Schaum arrangieren.

1 Die Blumen trocken tupfen und die Stiele mit der Schere auf die gewünschte Länge kürzen. Die Torte auf die Drehplatte stellen. Die Blumenstecker mit etwas Wasser füllen und jeweils eine Blume hineinstecken.

2 Die Blumen dann nacheinander rundum an der Torte anbringen. Dabei die Blumenstecker leicht schräg nach unten in den Rand der Torte stecken, sodass sie nicht mehr sichtbar sind. Etwas Buttercreme auf die Stellen spritzen, an denen noch Reste der Stecker zu sehen sind. Die Blüten zuletzt mit fein vernebeltem Wasser besprühen.

PROJEKTE

Jetzt geht's an die Torte! In diesem Kapitel stellen wir Ihnen besondere Torten für besondere Gelegenheiten vor. Detaillierte Anleitungen begleiten Sie bei der Zubereitung, hilfreiche Tipps sorgen für das Gelingen. Welcher Anlass es auch sein mag, hier finden Sie Anregungen für Ihre ganz persönliche Traumtorte.

Lokomotive

Diese freche Lokomotive auf essbaren Schienen wird die Kleinen sicher begeistern. Die Lok ist mit blauem Fondant überzogen. Die Details aus Blütenpaste und Fondant werden mit etwas Wasser angebracht.

 ZUBEREITUNG 1½ Tage, inklusive Trocknen

 ERGIBT 25 Stücke

Zutaten

* 400 g gestärkter limetten-grüner Fondant (s. S. 87)
* 200 g schwarzer Fondant
* Tylose-Pulver
* 100 g gestärkter grauer Fondant (s. S. 87)
* 150 g gestärkter brauner Fondant (s. S. 87)
* 400 g gelber Fondant
* 75 g schwarze Blütenpaste
* 1 rechteckige Madeira-Torte (25 cm lang, 7,5 cm hoch, s. S. 231)

1 Zwei Tage vor dem Servieren den grünen Fondant mit dem Ausroll-stab auf der mit Stärke bestäubten Arbeitsfläche ausrollen und die Tortenplatte damit überziehen (s. S. 51). Dabei in der Mitte einen 10 cm breiten Streifen für die Schienen frei lassen. 100 g schwarzen Fondant mit Tylose-Pulver stärken (s. S. 87). Ausrollen, einen 10 cm breiten Strei-fen schneiden und in die Lücke legen. Den grauen Fondant ausrollen und zwei Streifen (2,5 cm breit) ausschneiden. Diese als Schienen auf den schwarzen Fondant legen. Den braunen Fondant ausrollen und mit der Strukturfolie prägen. Zehn Streifen (à 2 x 10 cm) ausschneiden, anfeuch-ten und als Schwellen zwischen die Schienen legen. Trocknen lassen.

2 Die Hälfte des gelben Fondants stärken und 4 mm dick ausrollen. Sechs Kreise (vier mit 6 cm Ø, zwei mit 7 cm Ø) ausstechen. Die Blü-tenpaste ausrollen, mit dem Rollschneider in feine Streifen schneiden und als Radspeichen in den Kreisen anbringen. Weitere sechs Streifen (etwas breiter als die Kreise hoch) ausschneiden und um die Räder legen. Über Nacht trocknen lassen.

3 Die Torte in zwei 12,5 cm große Stücke halbieren. Ein Stück noch-mals in zwei 6,5 cm große Stücke schneiden. Die beiden kleinen Stücke mit Buttercreme aufeinandersetzen und für die Kabine auf einem Ende des großen Stücks anbringen. Tiefkühlen, bis die Stücke

GRUNDTECHNIKEN

Rollschneider ver-wenden S. 118

Plätzchen-Ausste-cher S. 106–107

Torten formen und überziehen S. 65

* 400 g Buttercreme
  (s. S. 24)
* 600 g blauer Fondant
* 40 g roter Fondant
* Speisefarben-Pulver
  (schwarz und superweiß)
* Rejuvenator-Spirit oder
  Wodka
* 75 g weißer Fondant

Außerdem

* Silikon-Ausrollstab
* Speisestärke zum Arbeiten
* Tortenplatte (35 cm Ø)
* Strukturfolie mit
  Holzmuster
* Rollschneider
* runde Ausstecher (6 cm,
  7 cm, 4,5 cm und 4 cm Ø)
* Veining-Modellierstab
* Lochtülle
* 1 m grünes Satinband
  (1 cm breit)
* Klebstoff

Tipp

Für den Schienenräumer an der Lokomotiv-Spitze den weißen Fondant stärken. Zu einem Block formen und die Vorderseite schräg abschneiden, sodass ein Dreieck entsteht. Mit Wasser befeuchten und mit gelbem Fondant überziehen.

fest sind. Danach die Oberfläche der Kabine leicht abrunden. Die Krume mit Buttercreme versiegeln (s. S. 29) und die Torte 30 Minuten ruhen lassen.

4 Den blauen Fondant 4 mm dick ausrollen. Die Torte damit überziehen und dann auf die Schienen stellen. Die vordere Seite der Lokomotive mit zwei schwarzen Fondant-Streifen (à 1,5 x 6 cm) dekorieren. Den Rest des blauen Fondants stärken und zu einer 7 cm langen Rolle formen. An einer Seite anfeuchten und auf die Torte setzen. In gleichmäßigen Abständen mit vier Streifen rotem Fondant umwickeln. An der Spitze einen roten Fondant-Kreis (4,5 cm Ø) anbringen. Um den unteren Tortenrand einen 4 cm breiten roten Fondant-Streifen anbringen und die Räder daran befestigen.

5 Den restlichen roten Fondant stärken, 4 mm dick ausrollen und ein Rechteck ausschneiden (4 mm breiter als die gebogene Decke der Kabine). 20 Minuten antrocknen lassen, dann auf der Kabine anbringen. Den verbliebenen roten Fondant zu einem Kegel (etwa 4 cm breit und 5 cm hoch) für den Schornstein formen. Oben und unten glätten und mit einem Streifen blauen und einem Kreis gelben Fondant dekorieren. Beiseitelegen.

6 Aus gelbem Fondant einen Kreis (4 cm Ø) schneiden und mit dem Modellierstab ein Lächeln einprägen. Vorne an der Lokomotive anbringen und einen winzigen Punkt aus schwarzem Fondant darauf befestigen. Mit der Lochtülle acht kleine gelbe Fondant-Kreise ausstechen und in die Mitte der Räder sowie vorne an die Kabine setzen. Vorne und an den Seiten der Kabine mit einem Messer Fenster markieren. Die Speisefarben-Pulver mit Rejuvenator-Spirit anrühren und die Fenster damit kolorieren. Trocknen lassen. Feine schwarze Fondant-Streifen als Rahmen darumsetzen.

7 Aus schwarzem Fondant einen Boden für den Schornstein ausschneiden und anbringen. Den Schornstein auf der Lok befestigen. Mit dem 4,5-cm-Ausstecher einen Kreis auf den Schornstein prägen. Dann die Augen herstellen (s. Tipp S. 166).

8 Einen Schienenräumer modellieren (s. Tipp links) und vorne an der Lok anbringen. Elf dünne Streifen aus ausgerolltem roten Fondant schneiden. Einen Streifen in der Mitte des Räumers anbringen, die anderen in gleichmäßigen Abständen daneben. Ränder aus schwarzem Fondant darumlegen.

9 Den restlichen blauen Fondant stärken und 2 mm dick ausrollen. Zwei Streifen (à 1 x 17 cm) ausschneiden. 20 Minuten antrocknen lassen, dann auf jeder Seite quer auf den Rädern anbringen. Das Satinband mit Klebstoff rund um die Tortenplatte kleben.

Lokomotive Seite 164–165

Tipp

Für die Augen aus weißem Fondant ein Oval ausschneiden und halbieren. Für die Pupillen schwarzes Speisefarben-Pulver mit Rejuvenator-Spirit anrühren und auftragen. Für die Glanzpunkte superweißes Farbpulver anrühren.

Dinosaurier Seite 168–169

Dinosaurier

Dieser kleine, wilde Drache kauert zwischen Felsen auf einer marmorierten Tortenplatte. Er begeistert besonders kleine Kinder. Die Torte wird aus zwei halbkugelförmigen Vanillekuchen (s. Tipp) geformt.

 ZUBEREITUNG 1 ½ Tage, inklusive Trocknen    **ERGIBT** 30 Stücke

Zutaten

* 600 g weißer Fondant (25 g beiseitelegen)
* Tylose-Pulver
* 200 g schokobrauner Fondant
* 1 Vanillekuchen-Kuppel (750 g, s. S. 228 und 237)
* 400 g Buttercreme zum Versiegeln der Krume (s. S. 29)
* 1,5 kg stachelbeergrüner Fondant
* 1 Vanillekuchen-Kuppel (1 kg, s. S. 228 und 237)
* 12 g hellblauer Fondant
* 12 g schwarzer Fondant
* Sprühglasur

1 Einen Tag vor dem Servieren den weißen Fondant mit Tylose-Pulver stärken (s. S. 87). Dann leicht mit dem schokobraunen Fondant verkneten (s. S. 47), bis eine Marmorierung entsteht. Den Fondant mit dem Ausrollstab auf der mit Stärke bestäubten Arbeitsfläche ausrollen und die Tortenplatte damit überziehen (s. S. 51). Beiseitestellen und trocknen lassen.

2 Den kleinen Vanillekuchen tiefkühlen, bis er fest ist. Mit einem Messer einen Kopf daraus modellieren. Die Krume mit Buttercreme versiegeln (s. S. 29). Etwas grünen Fondant für Augen und Nase anbringen. Etwa 30 Minuten ruhen lassen, bis die Buttercreme fest geworden ist.

3 Für den Körper die Krume des großen Vanillekuchens mit Buttercreme versiegeln. Für den Schwanz etwas grünen Fondant stärken (s. S. 87) und zu einer spitz zulaufenden Rolle formen.

4 Den restlichen grünen Fondant auf der mit Stärke bestäubten Arbeitsfläche 4 mm dick ausrollen. Kopf und Körper aneinandersetzen und sorgfältig damit überziehen. Überschüssigen Fondant rundum abschneiden und die Ränder mit einer Palette unter den Körper schieben. Den Schwanz am Körper anbringen. Die Übergänge mit den Fingern verstreichen. Den Dinosaurier auf die überzogene Tortenplatte setzen. Überstehenden Fondant mit dem Veining-Modellierstab unter den

GRUNDTECHNIKEN

Tortenplatte überziehen *S. 51*

Torten formen und überziehen *S. 65*

Speisefarben-Pulver *S. 136*

* 75 g hellgrüner Fondant
* Speisefarben-Pulver, moosgrün
* 200 g grauer Fondant

Außerdem

* Silikon-Ausrollstab
* Speisestärke zum Arbeiten
* Tortenplatte (35 cm ∅)
* Veining-Modellierstab
* Kugel-Modellierstab
* 1 m graues Satinband (1 cm breit)
* Klebstoff

Körper schieben und die Übergänge zwischen Dinosaurier und Tortenplatte mit den Fingern verstreichen.

5 Mit dem Veining-Modellierstab das Maul markieren. Mit dem Kugel-Modellierstab elliptische Vertiefungen für Nüstern und Augen formen.

6 Den restlichen grünen Fondant stärken und vier Beine formen. Pro Bein etwa 200 g Fondant zu einer spitz zulaufende Rolle formen. Jeweils die schmalere Seite für die Tatzen leicht flach drücken und mit einem scharfen Messer je drei Zehen hineinschneiden. Die Tatzen leicht nach oben biegen und mit dem Veining-Modellierstab Falten an Knöcheln und Oberschenkeln modellieren. Die Beine an den Oberschenkeln leicht mit Wasser befeuchten und leicht nach außen gebogen am Körper anbringen.

7 Den zurückbehaltenen weißen Fondant stärken (s. S. 87) und mit den Fingern zwei Ellipsen für die Augen formen, die in den Vertiefungen Platz haben. Mit Wasser anfeuchten und in den Vertiefungen anbringen, sodass die Augen leicht hervorstehen. Aus hellblauem Fondant zwei Iris ausschneiden und in der Mitte der Ellipsen anbringen. Aus schwarzem Fondant zwei Streifen schneiden und jeweils als Pupille auf jeder Iris anbringen. Die Augen zuletzt mit zwei Schichten Sprühglasur besprühen.

8 Für den Rückenkamm den hellgrünen Fondant stärken (s. S. 87) und mit den Fingern elf Kegel in absteigender Größe formen. Die Kegel jeweils etwas flach drücken und die breite Seite glatt abschneiden. Für die Nase einen Kegel zu einem Horn formen und die Spitze leicht nach hinten biegen. 20 Minuten antrocknen lassen. Dann jeweils die Unterseite leicht anfeuchten und Horn und Zacken auf Kopf und Rücken des Dinosauriers anbringen.

9 Mit einem breiten Pinsel das Speisefarben-Pulver auftragen und so eine Oberflächenstruktur bilden. Im Panzer des Dinosauriers nach Wunsch mit dem Veining-Modellierstab Falten modellieren.

10 Aus dem grauen Fondant mit den Händen unregelmäßige Felsblöcke formen und rund um den Dinosaurier auf der Tortenplatte anordnen.

11 Das Satinband mit Klebstoff rund um den Rand der Tortenplatte kleben. Dabei darauf achten, dass sich die Nahtstelle auf der Rückseite der Tortenplatte befindet.

Prinzessinnenschloss

Diese Torte in Schlossform ist das Highlight auf jeder Märchen-Party. Fondant-Silhouetten auf dem Tortenrand sorgen für einen märchenhaften Hintergrund. Schloss und Prinzessin werden von Hand aus Fondant modelliert (s. S. 92–93).

ZUBEREITUNG 4 Tage, inklusive Trocknen   **ERGIBT** 25 Stücke

Zutaten

* 1 kg blattgrüner Fondant
* 1 Mädchenfigur aus Fondant (s. S. 92–93)
* Speisefarben-Pulver, gold-metallic
* Rejuvenator-Spirit oder Wodka
* Eiweißspritzglasur (s. S. 35)
* essbarer Klebstoff
* 500 g rosa mexikanische Blütepaste (s. S. 53)
* 1,5 kg hellblauer Fondant

1 Vier Tage vor dem Servieren den blattgrünen Fondant mit dem Ausrollstab auf der mit Speisestärke bestäubten Arbeitsfläche ausrollen und die Tortenplatte damit überziehen (s. S. 51). Trocknen lassen.

Für die Prinzessin

2 Die Mädchenfigur modellieren (s. S. 92–93). Statt der gelben Blüte jedoch ein rosa Herz auf dem Mieder anbringen. Die Haare um den kleinen Ausrollstab wellen. Die Krone aus ausgerolltem Fondant schneiden, formen und trocknen lassen. Goldenes Speisefarben-Pulver mit Rejuvenator-Spirit anrühren und die Krone damit kolorieren. Auf die Spitzen Eiweißspritzglasur-Perlen spritzen. Mit essbarem Klebstoff auf dem Kopf der Figur befestigen.

Für das Schloss

3 Aus Pappkarton ein Modell für das große Kegeldach herstellen (s. Tipp S. 171). Mit Kreppband fixieren und rundherum dünn mit Kokosfett einstreichen.

WEITER AUF SEITE 172 • • • •

GRUNDTECHNIKEN

Figuren modellieren S. 92-93

Stabile 3-D-Kreationen S. 64

Schablonen entwerfen S. 57

Mehrstöckige Torten S. 68

Tipp

Für das Dach-Modell aus Pappkarton einen Kreis (23 cm Ø) ausschneiden. An einer Stelle vom Rand bis zur Mitte einschneiden. Zu einem Kegel zusammenrollen, der unten einen Durchmesser von 12,5 cm hat. Mit Kreppband fixieren.

* Madeira-Torte (22 cm
  ∅, etwa 7,5 cm hoch,
  s. S. 231 und 248),
  2 Lagen mit Buttercreme-
  Füllung, Krume versiegelt
  (s. S. 28–29)
* 1,5 kg elfenbeinfarbener
  Fondant
* Vanillekuchen (12,5 cm ∅,
  etwa 12,5 cm hoch,
  s. S. 228 und 248),
  2 Lagen mit Buttercreme-
  Füllung, Krume versiegelt
  (s. S. 28–29)
* 1 Madeira-Tortenboden
  (25 x 25 cm, 2,5 cm dick,
  s. S. 231 und 248)
* 100 g Buttercreme
  (s. S. 24)
* je 75 g gestärkter Fondant
  in 4–5 verschiedenen
  Grüntönen (s. S. 87)
* je 50 g gestärkter Fondant
  in Gelb, Rosa, Fuchsia,
  Flieder, Braun und Rot
  (s. S. 87) für den Park
* 500 g gestärkter weißer
  Fondant (s. S. 87)
* 200 g gestärkter fuchsiafarbener Fondant
  (s. S. 87) für das Tor
* 500 g gestärkter rosafarbener Fondant (s. S. 87)
  für die Türme
* 300 g gestärkter fliederfarbener Fondant
  (s. S. 87) für die Zinnen

4 Die Blütenpaste auf der mit Puderzucker bestäubten Arbeitsfläche ausrollen. Mit dem Schneiderädchen einen Kreis (23 cm ∅) ausschneiden und diesen bis zur Mitte einschneiden (s. Tipp S. 171). Die Blütenpaste vorsichtig anheben, um den Pappkarton-Kegel legen und beide Enden aufeinanderlegen, sodass sie sich etwa 6 mm überlappen. Dabei zügig arbeiten. Reste abschneiden und die Blütenpaste mit essbarem Klebstoff fixieren. Mindestens 3 Tage trocknen lassen.

5 Den hellblauen Fondant auf der mit Speisestärke bestäubten Arbeitsfläche 4 mm dick ausrollen und die Madeira-Torte damit überziehen. Die Oberfläche glätten (s. S. 50), die Torte auf die große Tortenunterlage stellen und über Nacht trocknen lassen.

6 Die Madeira-Torte samt Unterlage mit einer breiten Palette auf die überzogene Tortenplatte stellen. Dabei so platzieren, dass vor der Torte ausreichend Platz für Prinzessin und Mini-Cupcakes bleibt.

7 Den elfenbeinfarbenen Fondant ausrollen. Den Vanillekuchen auf die kleine Tortenunterlage stellen und mit dem Fondant überziehen. Mit zwei Tortenglättern eine scharfe Kante formen (s. S. 50).

8 Aus dem Madeira-Tortenboden mit dem 4,5-cm-Ausstecher 20 Kreise ausstechen. Je fünf Kreise mit Buttercreme zu einem etwa 12,5 cm hohen Turm aufeinanderschichten. Die Türme sollen so hoch sein wie die mit elfenbeinfarbenem Fondant überzogene Torte. Bei Bedarf die Türme etwas kürzen.

9 Die Türme auf die Seite legen und jeweils 1 Dübel durch die Mitte stecken. Die Dübel müssen oben und unten herausragen. Die Krume mit Buttercreme versiegeln (s. S. 29). Den restlichen elfenbeinfarbenen Fondant ausrollen. Die Seiten der Türme mit Fondant-Streifen überziehen. Auf die oberen Turmenden einen Fondant-Kreis anpassen. Glätten. Die Dübel kürzen und die Türme mit der Nahtstelle nach unten auf die mit Puderzucker bestäubte Arbeitsfläche legen. Über Nacht trocknen lassen.

10 Den restlichen blattgrünen Fondant (vom Überziehen der Tortenplatte) ausrollen. Mit der Schablone eine wellige Silhouette ausschneiden, die mit einer Lücke für die Schlossstufen vorne einmal um die Torte passt. Locker aufrollen. Den Tortenrand leicht mit Wasser anfeuchten. Die Fondant-Silhouette um die Torte herum abrollen und sanft andrücken. Die Tortenplatte dabei als Stütze benutzen.

Außerdem

* Silikon-Ausrollstab
* Speisestärke zum Arbeiten
* Tortenplatte (35 cm ∅)
* kleiner Ausrollstab
* Spritzbeutel mit feiner Lochtülle
* Pappkarton
* Kreppband
* Kokosfett zum Arbeiten
* Puderzucker zum Arbeiten
* Schneiderädchen
* 2 Tortenunterlagen (23 cm und 12,5 cm ∅)
* 2 Tortenglätter
* runde Ausstecher (4,5 cm, 5 mm und 1 cm ∅)
* 8 Dübel
* Parksilhouette-Schablone (s. S. 245)
* Blütenblatt-Ausstecher, klein
* Herz-Ausstecher (klein, mittel und groß)
* Rollschneider, gerader und welliger Aufsatz
* 1 m rosafarbenes Satinband (1 cm breit)
* Klebstoff

Für den Park

11 Für die Felder mit der Schablone Formen aus gestärktem Fondant in unterschiedlichen Grüntönen ausschneiden (das dunkelste Grün für die Bäume beiseitelegen). Für gestreifte Felder dünne Streifen von hellem und dunklem Fondant aneinanderpressen und zusammen ausrollen. Die Felder um die Torte herum sauber in die Silhouette einpassen.

12 Den gestärkten gelben, rosa-, fuchsia- und fliederfarbenen Fondant einzeln ausrollen und mit dem Blütenblatt-Ausstecher Blüten ausstechen. In die Mitte jeweils ein Fondant-Pünktchen einer anderen Farbe setzen. Die Rückseite einiger Blüten leicht anfeuchten und auf den Feldern anbringen. Die restlichen Blüten für die Deko der Tortenplatte beiseitelegen.

13 Für die Bäume aus dem gestärkten braunen Fondant kleine und größere Stämme (etwa 1,5 cm und 2 cm hoch) modellieren. Mit einen Messer ein Rindenmuster hineinprägen. Die Rückseite anfeuchten und die Stämme an der Torte anbringen. Den dunkelgrünen Fondant ausrollen, mit den Herz-Ausstechern Baumkronen in zwei Größen ausstechen und an den Stämmen anbringen. Aus ausgerolltem roten Fondant kleine Herzen und Kreise ausstechen und mit etwas Wasser auf den Baumkronen befestigen.

WEITER AUF SEITE 174 • • • •

Mini-Prinzessinnen-Cupcakes
Buttercreme-Rosetten auf Mini-Cupcakes spritzen und Krönchen aus dünn ausgerolltem Fondant daraufsetzen. Trocknen lassen, dann Perlen auf die Spitzen spritzen und silberfarbig kolorieren. Fondant-Herzen mit etwas Wasser befestigen.

14 Den gestärkten weißen Fondant ausrollen. Eine Wolke ausschneiden, die groß genug ist, dass das gesamte Schloss darauf Platz hat. Die Rückseite mit Wasser anfeuchten, die Wolke auf der großen Torte ausbreiten und glätten. Dabei vorne etwas über den Tortenrand legen.

15 Aus dem restlichen weißen Fondant eine Kugel rollen und eine Treppe ausschneiden. Die Treppe sollte etwa drei Viertel so hoch sein wie der Tortenrand und vorne mit dem über den Rand reichenden Teil der Wolke verbunden werden. Den restlichen weißen Fondant wieder ausrollen, eine kleinere Wolke ausschneiden (groß genug, dass die Prinzessin darauf gestellt werden kann) und vorne mittig auf der Tortenplatte befestigen. Dahinter die Treppe an der Torte befestigen und mit dem überstehenden Teil der Wolke verbinden.

Zum Zusammensetzen

16 Vier Dübel in die große Torte stecken und zurechtschneiden. Als Orientierung eine kleine Tortenunterlage (12,5 cm Ø) verwenden. Die Torte mit elfenbeinfarbenem Fondant-Überzug daraufsetzen.

17 Die Türme gleichmäßig um die elfenbeinfarbene Torte platzieren, dabei die Nahtstellen jeweils nach innen legen. Mit Eiweißspritzglasur auf der großen und an den Seiten der kleinen Torte befestigen. Die vorstehenden Dübel ein wenig in die untere Torte drücken.

18 Elfenbeinfarbenen Fondant ausrollen. Für den Eingang ein Rechteck ausschneiden, das zu einer Querseite hin etwas schmaler wird. Insgesamt sollte der Eingang etwas höher als 12,5 cm sein. Das Rechteck mit etwas Wasser am Schloss befestigen.

19 Für das Tor aus gestärktem fuchsiafarbenen Fondant ein Herz ausschneiden und vertikale Linien hineinritzen. Als Türklinken zwei kleine Herzen aus fliederfarbenem Fondant ausstechen und mit etwas Wasser am Tor befestigen. Als Angeln für das Tor aus gelbem Fondant vier kleine Dreiecke ausstechen und an den Seiten anbringen. Goldenes Speisefarben-Pulver und Rejuvenator-Spirit anrühren und die Angeln kolorieren. Aus fuchsiafarbenem Fondant jeweils vier kleine, mittlere und große Herzen ausstechen. Als Fenster an den Türmen anbringen.

20 Das getrocknete Dach vorsichtig vom Pappmodell heben und mit Eiweißspritzglasur auf der Mitte der elfenbeinfarbenen Torte anbringen. Eine kleine Kugel aus rosafarbenem Fondant auf die Spitze setzen. Aus fuchsiafarbenem Fondant sechs große Herzen ausstechen. Eines vorne am Dach befestigen, ein weiteres an der rosa Fondant-Kugel auf der

Tipp

Statt mexikanischer Blütenpaste können Sie auch einfache Blütenpaste, Pastillage oder gestärkten Fondant verwenden. Es dauert jedoch länger, bis sie trocknen. Als Türme können Sie auch Kunststoffformen auf die Torte setzen.

Spitze. Aus dem fuchsiafarbenen Fondant zuletzt noch eine Schleife formen und diese unterhalb der Kugel am Dach anbringen.

21 Aus gestärktem rosafarbenen Fondant vier Kugeln (à 50 g) formen. Die Hände mit Speisestärke bestäuben und daraus Kegel modellieren, die unten einen Durchmesser von 4,5 cm haben. Mit Eiweißspritzglasur auf den Türmen befestigen. Jeweils ein fuchsiafarbenes Herz darauf anbringen.

22 Für die Zinnen den gestärkten fliederfarbenen Fondant ausrollen. Mit dem Rollschneider ein Band (2,5 cm breit, 35 cm lang) ausschneiden und entlang einer Längsseite mit dem 1-cm-Ausstecher gleichmäßig Rundungen ausstechen. Die Rückseite leicht anfeuchten und das Band rund um den Dachrand des Schlosses anbringen. Ein kürzeres Band für den Eingang ausschneiden, das an den Enden schräg nach oben ausläuft. Ebenfalls Zinnen ausstechen und mit einem Messerrücken zwei Linien hineinprägen. Über dem Eingang anbringen.

23 Mit dem Rollschneider mit welligem Aufsatz vier Bänder (je 1 x 17 cm für die Türme ausschneiden. Die untere Seite jeweils mit einem Messer begradigen. Die Bänder am Dachrand der Türme anbringen.

24 Entlang des Saums des großen Daches eine Reihe winziger Herzen aus fuchsiafarbenem Fondant anbringen.

25 Die Prinzessin mit Eiweißspritzglasur auf der kleinen Wolke vorne auf der Tortenplatte befestigen. Die restlichen Blüten auf der Rückseite anfeuchten und ringsum anbringen. Zuletzt das Satinband mit der Nahtstelle nach hinten um den Rand der Tortenplatte legen und mit Klebstoff befestigen.

Prinzessinnen-Cake-Pops
Herzförmige Cake-Pops (s. S. 242) modellieren und mit rosa Glasur überziehen. Mit rosa und weißer Eiweißspritzglasur Perlen aufspritzen. Runde Cake-Pops mit grüner Glasur überziehen, trocknen lassen und winzige rosa Herzen mit etwas Wasser daran befestigen.

Piratenschiff

Schiff ahoi! Das Piratenschiff wird aus einer mehrlagigen Torte geformt, mit wettergegerbten Fondant-Planken umgeben und mit Anker und Piratenflagge bestückt. Ganz stilecht segelt es auf einer mit Fondant-Wellen überzogenen Tortenplatte.

 ZUBEREITUNG 1½ Tage, inklusive Trocknen,  **ERGIBT** 40 Stücke

Zutaten

* 1 quadratische Madeira-Torte (25 x 25 cm, etwa 7,5 cm hoch, s. S. 231 und 248)
* 600 g Buttercreme (s. S. 24)
* 600 g brauner Fondant
* 50 g schwarzer Fondant
* 50 g gestärkter roter Fondant (s. S. 87)
* 100 g gestärkter goldfarbener Fondant (s. S. 87)
* Speisefarben-Paste (dunkelbraun, superweiß und blau)

1 Einen Tag vor dem Servieren die Torte zu zwei Rechtecken (je 12,5 x 25 cm) halbieren. Ein Rechteck waagerecht halbieren und eine Hälfte mit Buttercreme auf dem dicken Rechteck anbringen. Die zweite Hälfte in drei gleich große Stücke (à 8 x 12,5 cm) schneiden. Zwei dieser Stücke mit Buttercreme zusammensetzen und als Bug an einer Seite des dicken Rechtecks anbringen. Das restliche Stück mit Buttercreme als Heck auf der anderen Seite anbringen. Die Torte 30–60 Minuten in den Gefrierschrank stellen.

2 Den Bug mit einem scharfen Messer mit Wellenschliff zuschneiden, sodass er leicht gebogen zu einer Spitze zusammenläuft. Die Seiten so zuschneiden, dass sie mit leichter Biegung zum Heck hin enger und zum Boden hin schmaler werden. Mit einem Lineal in die höchste Stelle der Torte (hinten am Heck) gleichmäßige Stufen schneiden. Die Krume komplett mit Buttercreme versiegeln (s. S. 29), die Torte 30 Minuten ruhen lassen.

3 Etwas braunen Fondant mit dem Ausrollstab auf der mit Speisestärke bestäubten Arbeitsfläche 4 mm dick ausrollen und das komplette Schiffsdeck damit überziehen. Mit einem scharfen Messer lange und kurze Bodenplanken (etwa 2,5 cm breit) hineinprägen. Die Holzmaserung mit der Messerspitze hineinritzen.

WEITER AUF SEITE 178 ••••

GRUNDTECHNIKEN

Torten formen und überziehen S. 65

Rollschneider verwenden S. 118

Plätzchen-Ausstecher S. 106-107

* 25 g gestärkter grauer Fondant (s. S. 87)
* 400 g marmorierter Fondant (aus 250 g blauem und 150 g weißem Fondant, s. S. 47)
* 50 g braune Blütenpaste
* Speisefarben-Stift, schwarz
* Speisefarben-Pulver (gold- und silber-metallic)
* Rejuvenator-Spirit oder Wodka

Außerdem

* Silikon-Ausrollstab
* Speisestärke zum Arbeiten
* Rollschneider
* 2 Holz-Zahnstocher
* runde Ausstecher (2,5 cm, 3 cm und 2 cm Ø)
* 1 Holzdübel
* Anker-Ausstecher
* Tortenplatte (35 cm Ø)
* kleiner Ausrollstab
* Reispapier (weiß)
* Totenkopf-Schablone
* 1 m marineblaues Satinband (1 cm breit)
* Klebstoff

4 Den restlichen braunen Fondant ausrollen und mit dem Rollschneider 2,5 cm breite Streifen in unterschiedlichen Längen ausschneiden. Diese auf der Rückseite leicht mit Wasser anfeuchten und rund um das Schiff herum anbringen. Dabei von unten nach oben arbeiten, bis das Schiff zu etwa zwei Dritteln bedeckt ist. Mit der Messerspitze eine Holzmaserung hineinritzen. Mit dem Zahnstocher in jede Ecke der Streifen ein kleines Loch als Nagelloch einstechen.

5 Mit dem 2,5-cm-Ausstecher auf jeder Seite des Schiffes kurz vor dem Ende der Holzplanken drei Bullaugen ausstechen. (Die ausgestochenen Stücke werden nicht mehr benötigt.) Den schwarzen Fondant auf der mit Stärke bestäubten Arbeitsfläche 2 mm dick ausrollen und mit dem gleichen Ausstecher sechs Kreise ausstechen. Die Rückseite anfeuchten und die Kreise in den Bullaugen-Löchern anbringen.

6 Den gestärkten roten Fondant ausrollen und mit dem 3-cm-Ausstecher sechs Kreise ausstechen. Aus der Mitte Kreise (2,5 cm Ø) ausstechen, 15 Minuten trocknen lassen, dann als Rahmen um die Bullaugen anbringen.

7 Den gestärkten goldfarbenen Fondant auf der mit Speisestärke bestäubten Arbeitsfläche ausrollen. Planken ausschneiden, die die Seiten und das Heck des Schiffes bedecken (vom oberen Rand der Holzplanken bis 5 mm über die Reling). Dafür zwei Planken für den Bug, zwei Planken für das Unterdeck, zwei Planken für die Stufen und eine Planke für die Rückseite des Schiffes zuschneiden. Mit der Spitze des kleinen Ausrollstabs an den Seiten für die Nagellöcher einstechen.

8 Den Dübel in die Mitte des Schiffes und zu jeder Seite einen Zahnstocher stecken. Diese auf die für die Segel benötigte Höhe kürzen (s. Schritt 12). Etwas braune Speisefarben-Paste mit Wasser anrühren und die Zahnstocher bemalen. Den gestärkten grauen Fondant auf der mit Stärke bestäubten Arbeitsfläche ausrollen und einen Anker ausstechen. Diesen 3 Stunden trocknen lassen.

9 Den marmorierten Fondant auf der mit Stärke bestäubten Arbeitsfläche 6 mm dick ausrollen und die Tortenplatte damit überziehen. Das Schiff in die Mitte setzen. Den marmorierten Fondant mit den Fingerspitzen an einigen Stellen wellenförmig nach oben ziehen. Die Spitzen für die Gischt mit weißer Speisefarbe anmalen, unten mit verdünnter blauer Speisefarbe kolorieren.

Tipp

Etwas braune Speisefarben-Paste mit Wasser verdünnen und über die Holzplanken am Deck und an den Seiten des Schiffes streichen. Durch die hellbraunen Streifen der verdünnten Paste wirken die Planken wettergegerbt und plastisch.

10 Aus der Blütenpaste eine Rolle (5 mm Ø) formen und in 18 Stücke (à 3 cm) schneiden. Die Stücke 30 Minuten trocknen lassen, dann jeweils eine Seite anfeuchten und als Säulen für die Geländer an Bug und Heck anbringen. Die Länge der Geländer ausmessen und aus der Blütenpaste Streifen ausschneiden, die etwas breiter als die Säulen sind. Trocknen lassen, dann mit wenig Wasser auf den Säulen befestigen.

11 Für die Kanonenlöcher hinten auf jeder Seite des Schiffes zwei Kreise (2 cm Ø) aus den goldfarbenen Planken ausstechen. Schwarze Fondant-Kreise hineinsetzen (s. Schritt 5). Aus ausgerolltem roten Fondant mit dem 3-cm- und dem 2,5-cm-Ausstecher Rahmen ausstechen. Diese mit Wasser um die Kanonenlöcher befestigen. Danach aus dem rotem Fondant einen 2 mm breiten Streifen ausschneiden und als Borte auf den goldfarbenen Planken anbringen. Mit der Spitze des kleinen Ausrollstabs Nieten hineinprägen.

12 Für die Segel aus Reispapier Quadrate in verschiedenen Größen ausschneiden. Auf das größte mit der Schablone und schwarzem Speisefarben-Stift einen Totenkopf malen. Jeweils in die Mitte der oberen und unteren Seiten kleine Löcher schneiden und die Segel auf Dübel und Zahnstocher stecken. Aus der Blütenpaste drei erbsengroße Kugeln formen und auf die Spitzen stecken.

13 Gold-metallic Pulver mit Rejuvenator-Spirit anrühren und die goldenen Paneele kolorieren. Die Rückseite des Ankers mit Wasser anfeuchten und auf einer Seite vorne am Schiff befestigen. Silber-metallic Pulver mit Rejuvenator-Spirit anrühren und den Anker damit kolorieren. Zuletzt das Satinband mit Klebstoff um den Rand der Tortenplatte kleben.

Piraten-Cake-Pops
Cake-Pops (s. S. 242–243) mit pfirsichfarbener Glasur überziehen. Kopftücher und Augen aus Blütenpaste modellieren. Mit einer feinen Lochtülle Pünktchen aus Blütenpaste ausstechen und mit essbarem Klebstoff anbringen. Feinere Details mit Speisefarben-Stiften aufmalen. Papageien aus Kuchenbröseln modellieren, mit grüner Glasur überziehen. Aus Fondant Augen, Schnabel und dreifarbige Flügel formen. Details mit dem Veining-Modellierstab prägen.

Fußball-Torte

Diese Fußball-Torte begeistert kleine und große Kicker. Das Dekorieren der Torte gleicht dem Nähen einer Patchworkdecke: Seiten und Ecken jeder Fondant-Form müssen sorgfältig ausgerichtet und angepasst werden, bevor sie an der Torte fixiert werden.

 ZUBEREITUNG 3-4 Tage, inklusive Trocknen

 **ERGIBT** 20 Stücke

Zutaten

* 200 g gestärkter grüner Fondant (s. S. 87)
* 200 g gestärkter weißer Fondant (s. S. 87)
* essbarer Klebstoff
* 1 kugelförmige Madeira-Torte (15 cm Ø, s. S. 237 und 248)
* 200 g Buttercreme (s. S. 24)
* 600 g weißer Fondant
* 200 g schwarzer Fondant

Außerdem

* Tortenplatte (33 cm Ø)
* Silikon-Ausrollstab
* Speisestärke zum Arbeiten
* Rollschneider
* Tortenglätter
* Puderzucker zum Arbeiten
* großer sechs- und fünf-eckiger Ausstecher
* 1 m schwarzes Satinband (1 cm breit)
* Klebstoff

1 Drei bis vier Tage vor dem Servieren die Tortenplatte überziehen (s. S. 51). Dafür den gestärkten grünen und weißen Fondant mit dem Ausrollstab auf der mit Stärke bestäubten Arbeitsfläche je 3 mm dick ausrollen. Mit dem Rollschneider Streifen ausschneiden. Essbaren Klebstoff dünn auf die Tortenplatte streichen, die Fondant-Streifen nebeneinander darauflegen und mit dem Tortenglätter andrücken, auch am Rand. Überstehenden Fondant abschneiden. Trocknen lassen.

2 Die Krume der Torte mit Buttercreme versiegeln (s. S. 29). Die Torte etwa 1 Stunde ruhen lassen, dann mit einer weiteren dünnen Schicht Buttercreme glatt überziehen. Weißen und schwarzen Fondant getrennt auf der mit Puderzucker bestäubten Arbeitsfläche je 3 mm dick ausrollen.

3 Daraus mit den Ausstechern fünf weiße Sechsecke und ein schwarzes Fünfeck ausstechen. Nicht benötigten Fondant mit Frischhaltefolie abdecken. Das Fünfeck mit etwas Buttercreme in der Mitte des Balls anbringen und die fünf weißen Sechsecke rundum anordnen, sodass alle Seiten und Ecken sauber abschließen.

4 Weitere weiße Sechs- und schwarze Fünfecke ausstechen und nach diesem Muster rund um den Ball anbringen. Sobald die obere Hälfte des Balls bedeckt ist, diesen umdrehen. Die Fondant-Formen bei Bedarf etwas zuschneiden, damit sie den Ball passgenau bedecken.

5 Die überzogene Torte über Nacht trocknen lassen. Dann vorsichtig mit etwas Buttercreme in der Mitte der Tortenplatte fixieren. Das Satinband mit der Nahtstelle nach hinten um den Rand der Tortenplatte legen und mit Klebstoff fixieren.

Tipp

Orientieren Sie sich beim Zurechtschneiden der Rugby-Torte (S. 182) an einem Foto. Noch besser ist eine Schablone (S. 245), die direkt auf die Torte gelegt wird, sodass sie rundherum in Form geschnitten werden kann.

GRUNDTECHNIKEN

Tortenplatte überziehen S. 51

Motivbackformen S. 237

Torten formen und überziehen S. 65

Rugby-Torte

Die ist doch was für echte Kerle! Die Torte wird von Hand in die richtige Form geschnitten (s. Tipp S. 181) und dann mit Fondant überzogen. Die Nähte bildet man mithilfe des Kopierrädchens nach.

 ZUBEREITUNG 3 Tage, inklusive Trocknen

 **ERGIBT** 20 Stücke

Zutaten

* 200 g gestärkter grüner Fondant (s. S. 87)
* 300 g gestärkter weißer Fondant (s. S. 87)
* Madeira-Torte (25 cm Ø, s. S. 237 und 248), in 2 Lagen, gefüllt mit Buttercreme und tiefgekühlt
* 200 g Buttercreme (s. S. 24)
* 1 kg brauner Fondant

Außerdem

* Tortenplatte (33 cm Ø)
* Rugbyball-Schablone (s. S. 245)
* Silikon-Ausrollstab
* Puderzucker und Speisestärke zum Arbeiten
* Tortenglätter
* Kopierrädchen
* Rollschneider mit geradem Aufsatz

1 Drei Tage vor dem Servieren die Tortenplatte mit gestärktem grünem und weißem Fondant überziehen (s. S. 180, Schritt 1) und trocknen lassen. Die gefrorene Torte auf die Arbeitsfläche stellen und mit der Schablone mit einem scharfen Messer mit Wellenschliff in Form eines Rugbyballs schneiden. Die Krume mit Buttercreme versiegeln und 1 Stunde ruhen lassen. Dann mit einer weiteren dünnen Schicht Buttercreme überziehen. Nochmals 1 Stunde kühlen, bis die Buttercreme fest geworden ist.

2 Die Torte auf eine stabile Oberfläche stellen. Mit einem scharfen Messer Unebenheiten entfernen und die Torte mit einem Backpinsel leicht mit Wasser anfeuchten. Den braunen Fondant auf der mit Puderzucker bestäubten Arbeitsfläche 5 mm dick ausrollen. Der ausgerollte Fondant muss breit genug sein, um die Torte vollständig zu bedecken. Den Fondant dann über die Torte legen und mit den Händen glätten.

3 Den Fondant auf der Unterseite des Balls zusammenlegen und Reste abschneiden. Die Nahtstelle mit Speisestärke einreiben. Den Ball mit dem Tortenglätter glätten. Mit dem Kopierrädchen in gleichmäßigen Abständen von Spitze zu Spitze vier horizontale Linien markieren. Den Fondant dabei jedoch nicht durchtrennen.

4 Den restlichen weißen Fondant auf der mit Speisestärke bestäubten Arbeitsfläche 2 mm dick ausrollen. Mit dem Rollschneider zwei Streifen ausschneiden, die jeweils einmal um die Spitzen des Balls reichen. Für die Naht auf der Oberseite des Balls einen langen und acht kurze Streifen ausschneiden und mit etwas Wasser auf der Torte befestigen.

5 Die Torte mit Buttercreme auf der überzogenen Tortenplatte befestigen. Zuletzt das Satinband um den Rand der Platte kleben (s. S. 180).

RUGBY-TORTE **VARIANTE**

Ballsport-Mini-Torten

Diese Mini-Torten sind perfekt für Vereinsfeiern. Mithilfe von Schablonen werden sie mit verschiedenen Ballmustern verziert. Tipps für das Arbeiten mit Schablonen finden Sie auf S. 125–131. Eine Teigkarte entfernt überschüssige Glasur beim Auftragen der Muster.

 ZUBEREITUNG
2 ½ Stunden

 ERGIBT 12 Stück

Zutaten

* 2 kg weißer Fondant
* 12 Mini-Madeira-Torten
  (5 cm Ø, 3,5 cm hoch,
  s. S. 231 und 241), Krume
  mit Buttercreme versie-
  gelt (s. S. 29)
* Tylose-Pulver
* Buttercreme zum Befestigen (s. S. 24)
* 100 g Eiweißspritzglasur
  (schwarz, rot und weiß,
  s. S. 34)
* 50 g gestärkter orangefarbener Fondant (s. S. 87)

Außerdem

* Puderzucker zum Arbeiten
* Silikon-Ausrollstab
* runde Ausstecher
  (15 cm und 5 cm Ø)
* 12 Tortenunterlagen
  (7,5 cm Ø)
* Tortenglätter
* 3 Ballsport-Schablonen
* 2 m schwarzes Satinband
  (1,5 cm breit)

1 Den weißen Fondant auf der mit Puderzucker bestäubten Arbeitsfläche 5 mm dick ausrollen. Mit dem großen Ausstecher 12 Kreise ausstechen und die Mini-Torten damit überziehen. Überstehenden Fondant sauber abschneiden. In die Mitte jeder Tortenunterlage etwas Buttercreme spritzen und die Törtchen daraufsetzen. Die Oberfläche mit dem Tortenglätter glätten.

2 Den restlichen weißen Fondant mit Tylose-Pulver stärken (s. S. 87) und 3 mm dick ausrollen. Acht Quadrate (6 x 6 cm) ausschneiden. Die Fuß-ball-Schablone auf ein Quadrat legen und schwarze Glasur daraufstreichen. Die Schablone vorsichtig abheben. Bei drei weiteren Quadraten wiederholen. Ebenso mit roter Glasur Baseball-Bälle auf vier Quadrate übertragen. Den orange-farbenen Fondant ausrollen, vier Quadrate (6 x 6 cm) ausschneiden und weiße Glasur mit der Basketball-Schablone darauf übertragen.

3 Mit dem kleinen Ausstecher die Muster kreisförmig ausstechen. Die Ober-fläche der Törtchen mit Wasser anfeuchten und die Kreise darauflegen. Die Törtchen mit Satinband umwickeln und dieses mit Eiweißspritzglasur fixieren.

Frühlings-Cupcakes

So schmeckt der Frühling: Die Cupcakes mit Vanille-Buttercreme sind mit hübschen Schmetterlingen aus rosa Fondant verziert. Dazu passen die Cupcakes mit Pfirsich-Buttercreme und eleganten Blüten. Beide werden in Spitzen-Manschetten serviert.

 ZUBEREITUNG 1 ½ Tage, inklusive Trocknen **ERGIBT** 12 Stück

Zutaten

* 200 g gestärkter rosafarbener Fondant (s. S. 87)
* 200 g gestärkter weißer Fondant (s. S. 87)
* 12 Cupcakes (s. S. 240), abgekühlt
* 1 kg Vanille-Buttercreme (s. S. 24), 500 g mit pfirsichfarbener Speisefarben-Paste eingefärbt (s. S. 24–25)

Außerdem

* Silikon-Ausrollstab
* Speisestärke zum Arbeiten
* Schmetterlings-Ausstecher (mittel und klein)
* Blüten-Ausstecher, mittel
* Spritzbeutel mit großer Sterntülle
* Spitzen-Manschetten für Cupcakes

1 Einen Tag vor dem Servieren den rosafarbenen Fondant mit dem Ausrollstab auf der mit Speisestärke bestäubten Arbeitsfläche 1 mm dick ausrollen. Mit dem Ausstecher je zehn mittlere und zehn kleine Schmetterlinge ausstechen. Die Flügel vorsichtig nach oben biegen und die Schmetterlinge in der Mitte eines aufgeschlagenen und mit Backpapier belegten Buches über Nacht trocknen lassen.

2 Den gestärkten weißen Fondant auf der mit Speisestärke bestäubten Arbeitsfläche 1 mm dick ausrollen. Mit dem Blüten-Ausstecher zehn Blüten ausstechen. Die Blüten auf Backpapier legen und über Nacht trocknen lassen.

3 Die Cupcakes aushöhlen und mit Vanille-Buttercreme füllen (s. S. 33). Die Hälfte der Cupcakes mit einer Palette mit heller Buttercreme überziehen.

4 Die Pfirsich-Buttercreme in den Spritzbeutel füllen und auf die restlichen Cupcakes spritzen.

5 Die Rückseite der getrockneten Fondant-Blüten leicht mit Wasser anfeuchten, dann vorsichtig auf die Pfirsich-Buttercreme setzen. Die Rückseite der Fondant-Schmetterlinge anfeuchten und diese vorsichtig auf die mit Vanille-Buttercreme überzogenen Cupcakes setzen. Alle Cupcakes mit Spitzen-Manschetten umwickeln und dekorativ auf einer Etagere anrichten.

GRUNDTECHNIKEN

Ausstecher mit Auswurf *S. 101–103*

Cupcakes füllen *S. 33*

Cupcakes überziehen *S. 32*

Halloween-Torte

Das gruselige Kürbisgesicht ist aus einer reichhaltigen Madeira-Torte geformt und mit orangefarbenem Fondant überzogen. Damit der Kürbis richtig echt wirkt, wird der Fondant rundherum vorsichtig eingeritzt.

ZUBEREITUNG ½ Tage, inklusive Trocknen

ERGIBT 25 Stücke

Zutaten

- ✳ 50 g gestärkter goldfarbener Fondant (s. S. 87)
- ✳ essbarer Klebstoff
- ✳ 700 g orangefarbener Fondant
- ✳ 1 kugelförmige Madeira-Torte (15 cm Ø, s. S. 237 und 248), Krume mit Buttercreme versiegelt (s. S. 29)
- ✳ 50 g schwarzer Fondant

1 Den gestärkten goldenen Fondant mit dem Ausrollstab auf der mit Speisestärke bestäubten Arbeitsfläche 1 mm dick ausrollen und etwa 12 Sterne ausstechen. Diese mit essbarem Klebstoff auf der überzogenen Tortenplatte anbringen. Trocknen lassen.

2 Etwas orangefarbenen Fondant auf der mit Speisestärke bestäubten Arbeitsfläche durchkneten und zu sechs Strängen (etwa 5 cm breit) formen. Diese müssen so lang sein, dass sie von der oberen zur unteren Mitte der Torte reichen. Die Streifen leicht flach drücken und auf der Rückseite mit Wasser befeuchten. Dann in regelmäßigen Abständen längs an der Torte befestigen und dem Kürbis so eine plastische Form geben.

3 Den restlichen orangefarbenen Fondant 4 mm dick ausrollen. Die Torte inklusive Fondant-Streifen vollständig damit überziehen. Dabei darauf achten, dass der Fondant auch in den Furchen glatt anliegt. Die Hände mit Speisestärke bestäuben, den Fondant glätten

WEITER AUF SEITE 188 •••

GRUNDTECHNIKEN

Motivbackformen S. 237

Plätzchen-Ausstecher S. 106-107

Speisefarben-Pulver S. 136

* 50 g gestärkter grüner Fondant (s. S. 87)
* Speisefarben-Pulver, gold-metallic

Außerdem

* Silikon-Ausrollstab
* Speisestärke zum Arbeiten
* Stern-Ausstecher
* Tortenplatte (33 cm Ø), mit lila Fondant überzogen (s. S. 51)
* Veining-Modellierstab
* Dreieck-Ausstecher-Set
* Kugel-Modellierstab
* runder Ausstecher
* Cocktailspieße
* 1 m schwarzes Satinband

Tipp

Wenn Sie den Fondant nicht in den gewünschten Farben bekommen, färben Sie ihn mit Speisefarben-Paste selbst ein. Denken Sie dabei jedoch daran, dass er beim Trocknen nachdunkelt. Aus den Resten Mini-Kürbisse als Deko modellieren.

und dabei sanft an die Torte drücken. Überstehenden Fondant sauber abschneiden und die Nahtstelle glätten. Die Torte mit der Nahtstelle nach unten auf die Tortenplatte setzen und befestigen.

4 Mit dem Veining-Modellierstab von oben nach unten Rillen in die Oberfläche der Torte prägen. Für Augen und Nase mit den Ausstechern vorsichtig Dreiecke aus dem Fondant-Überzug ausstechen. Den Mund vorsichtig mit einem spitzen Messer ausschneiden.

5 Den schwarzen Fondant auf der mit Stärke bestäubten Arbeitsfläche 2 mm dick ausrollen. Für Augen und Nase schwarze Dreiecke ausstechen, für den Mund ebenfalls eine passende Form ausschneiden. Die Fondant-Formen an der Rückseite anfeuchten und sauber in den jeweiligen Fondant-Ausschnitten anbringen. Die Übergänge mit den Fingern glätten.

6 Aus etwas gestärktem grünen Fondant einen Stiel modellieren. Diesen fest auf die mit Stärke bestäubte Arbeitsfläche drücken und das untere Ende so leicht verbreitern. Den unteren Rand mit dem Kugel-Modellierstab weiter ausdünnen. Danach mit dem Veining-Modellierstab Rillen in die Oberfläche drücken.

7 Auf der Oberseite des Kürbisses mit dem runden Ausstecher einen Kreis (passend zum Durchmesser des Stiels) aus dem Fondant ausstechen. Das breitere Ende des Stiels anfeuchten und diesen im Ausschnitt befestigen. Den orangefarbenen Fondant mit dem Veining- oder Kugel-Modellierstab nach oben über den Stielansatz drücken, sodass der Übergang möglichst realistisch wirkt.

8 Aus gestärktem grünen Fondant dünne Rollen in verschiedenen Längen formen. Die Cocktailspieße leicht mit Speisestärke bestäuben und jeweils eine Fondant-Rolle darumwickeln. Etwa 10 Minuten antrocknen lassen, dann die Spieße aus den Rollen ziehen. Die Spiralen mit etwas Wasser am Stiel und auf der Tortenplatte anbringen.

9 Die Sterne mit etwas Gold-Metallic-Pulver bestäuben. Das Satinband um den Rand der Tortenplatte legen und mit Klebstoff befestigen. Dabei darauf achten, dass die Nahtstelle hinten liegt.

HALLOWEEN-TORTE **VARIANTE**

Halloween-Cake-Pops

Halloween-Kürbis, schwarze Katze und Hexenhut – diese gruseligen Cake-Pops gehen an der Haustür reißend weg oder machen eine gute Figur auf Ihrem Halloween-Büfett. Wickeln Sie nicht benötigten Fondant während des Arbeitens unbedingt in Frischhaltefolie.

 ZUBEREITUNG 1 Tag, inklusive Trocknen

 ERGIBT 24 Stück

Zutaten

* 25 g gelber Fondant
* Speisefarben-Paste, grün
* Tylose-Pulver
* 100 g gestärkter schwarzer Fondant
* 400 g schwarze Candy-Melts oder Glasur
* 24 Cake-Pops am Stiel (s. S. 242–243, ohne Glasur), 8 zu spitzen Kegeln (Hüte), 8 zu Kugeln (Katzen) und 8 zu Kugeln mit senkrechten Rillen (Kürbisse) geformt
* 200 g orangefarbene Candy-Melts oder Glasur
* 25 g rosafarbener Fondant
* Speisefarben-Stift, schwarz

Außerdem

* Speisestärke zum Arbeiten
* Silikon-Ausrollstab
* runder Ausstecher (5 cm Ø)

1 Etwas gelben Fondant mit grüner Speisefarbe färben, stärken (s. S. 87) und zu acht Kürbisstielen modellieren. Den schwarzen Fondant auf der mit Stärke bestäubten Arbeitsfläche ausrollen und acht Kreise ausstechen. Aus der Mitte jeweils ein Loch ausstechen. Die Ringe (Hutkrempen) auf zusammengeknüllte Alufolie legen und über Nacht trocknen lassen.

2 Schwarze Candy-Melts schmelzen. Die Cake-Pops für Hüte (Kegel) und Katzen (Kugeln) damit überziehen und aufrecht trocknen lassen. Die Kürbis-Cake-Pops mit geschmolzenen orangefarbenen Candy-Melts überziehen und je einen Stiel oben auf die Mitte setzen. Aufrecht trocknen lassen.

3 Den restlichen schwarzen Fondant ausrollen. Daraus Gesichtszüge für die Kürbisse, Dreiecke für die Katzenohren und dünne Hutbänder ausschneiden. 20 Minuten trocknen lassen. Aus rosa und gelbem Fondant Nasen und Augen für die Katzen formen. Die Pupillen mit dem Speisefarben-Stift aufmalen. Katzen- und Kürbis-Gesichtszüge mit etwas Wasser anbringen. Die Hutkrempen anfeuchten und auf die Kegel-Cake-Pops stecken. Daran die Hutbänder mit etwas Wasser befestigen.

Teddy-Törtchen

Fondant und Blütenpaste verwandeln schlichte quadratische Törtchen in bunte Bauklötzchen. Eine süße Idee für einen Kaffeeklatsch mit werdenden Müttern, zur Geburt oder zum ersten Geburtstag. Färben Sie die Eiweißspritzglasur nicht zu intensiv, denn sie dunkelt nach.

 ZUBEREITUNG 1 ½ Stunden   **ERGIBT** 10 Stück

Zutaten

* 1,5 kg weißer Fondant
* 10 quadratische Mini-Torten (7 x 7 cm, s. S. 241) mit Buttercreme-Füllung, Krume versiegelt (s. S. 29)
* je 200 g orangefarbener, fliederfarbener, blauer, grüner und rosafarbener Fondant
* essbarer Klebstoff
* 200 g Eiweißspritzglasur (s. S. 35)
* Speisefarben-Pasten (schwarz, blau, grün, rosa, orange, flieder)

Außerdem

* Silikon-Ausrollstab
* Speisestärke zum Arbeiten
* Tortenglätter
* quadratische Ausstecher (7 x 7 cm und 5 x 5 cm)
* Bärchen-Ausstecher
* Spritzbeutel mit sehr feiner und mittlerer Lochtülle

1 Den weißen Fondant weich kneten. Dann mit dem Ausrollstab auf der mit Stärke bestäubten Arbeitsfläche 3 mm dick ausrollen und zehn Quadrate für den Tortenüberzug ausschneiden Je ein Fondant-Quadrat über jede Torte legen und mit dem Tortenglätter an den Seiten andrücken. Überstehenden Fondant abschneiden und 30 Minuten antrocknen lassen.

2 Den orangefarbenen Fondant 2 mm dick ausrollen. Mit dem großen Ausstecher zehn Quadrate ausstechen. Mit dem kleinen Ausstecher jeweils aus der Mitte Quadrate ausstechen, sodass Rahmen entstehen. Diese 5 Minuten antrocknen lassen, dann auf Backpapier legen. Vier Bärchen ausstechen und ebenfalls auf das Backpapier legen. Diesen Vorgang mit dem fliederfarbenen, blauen, grünen und rosafarbenen Fondant wiederholen und so pro Farbe zehn Rahmen und vier Bärchen ausstechen.

3 Sobald die Rahmen fest genug sind, die Rückseiten mit essbarem Klebstoff bestreichen und die Rahmen auf je fünf Seiten der Würfel anbringen (die Böden bleiben frei). Die Ränder leicht zusammendrücken. Aus weißem Fondant 20 winzige Kugeln formen, flach drücken und als Schnauzen auf den Gesichtern der Bärchen anbringen.

4 Etwas Eiweißspritzglasur mit schwarzer Speisefarben-Paste einfärben. Die Glasur in den Spritzbeutel mit sehr feiner Lochtülle füllen und den Bärchen Gesichtszüge aufmalen.

5 Die restliche Glasur in fünf Portionen teilen und passend zu den Fondant-Farben einfärben. Die Glasuren nacheinander in den Spritzbeutel mit mittlerer Lochtülle füllen und die Umrisse von Ziffern oder Buchstaben auf drei Seiten jedes Würfels spritzen. Dann ausfüllen.

6 Die Rückseite der Bärchen mit Wasser befeuchten. Dann farblich passend an den beiden noch freien Seiten der Würfel anbringen.

Tipp

Wenn Sie die Glasur nicht freihändig aufspritzen möchten, prägen Sie die Umrisse der Ziffern und Buchstaben mit entsprechenden Ausstechern als Orientierung in den Fondant. Oder bringen Sie aus buntem Fondant ausgestochene Formen an.

GRUNDTECHNIKEN

Plätzchen-Ausstecher
S. 106–107

Dekorationen auf-
spritzen S. 75

Tauftorte

Diese Torte macht sich ebenso gut auf der Kaffeetafel zur Taufe wie bei Feierlichkeiten zur Geburt oder auch bei einer Party für werdende Mütter. Die kleinen, aufgespritzten Perlen sind echte Hingucker neben den Girlanden, Herzen und Knöpfen aus Fondant.

 ZUBEREITUNG 1 ½ Tage, inklusive Trocknen

 **ERGIBT** 10 Stücke

Zutaten

* 1 kg weißer Fondant
* 1 kg gestärkter gelber Fondant (s. S. 87)
* Tylose-Pulver
* 1 Zitronenkuchen (20 cm Ø, s. S. 229) mit Zitronen-Buttercreme-Füllung (s. S. 25)
* essbarer Klebstoff
* 100 g Eiweißspritzglasur (s. S. 35)

Außerdem

* Tortenplatte (28 cm Ø)
* Puderzucker zum Arbeiten
* Silikon-Ausrollstab
* Rollschneider mit Wellen-Aufsatz
* Kopierrädchen
* runde Ausstecher (Set)
* Spritzbeutel mit feiner und sehr feiner Lochtülle
* 2 Herz-Ausstecher
* Herz-Schablone (s. S. 244)
* 1 m gelbes Satinband
* Klebstoff

1 Am Vortag die Tortenplatte mit weißem Fondant, den Kuchen mit auf Puderzucker 5 mm dick ausgerolltem gelben Fondant überziehen (s. S. 50–51). Den restlichen weißen Fondant mit Tylose-Pulver stärken (s. S. 87). Gelben und weißen Fondant getrennt in Frischhaltefolie wickeln.

2 Den gestärkten weißen Fondant 3 mm dick ausrollen. Mit dem Rollschneider 16 Bänder mit gewelltem Rand (3 x 7,5 cm) ausschneiden. In gleichmäßigen Abständen 16 senkrechte Linien am Rand der Torte markieren. Die Bänder mit verdünntem essbaren Klebstoff darauf anbringen. Mit dem Kopierrädchen an beiden Seiten senkrechte Nähte in die Bänder prägen.

3 Ein großes Stück weißen Fondant dünn ausrollen und acht Rechtecke (9 x 8 cm) ausschneiden. Diese horizontal mit je zwei Falten zusammenfassen. Die Seiten zusammendrücken. Die Rechtecke leicht biegen, sodass jede Girlande genau über drei Bänder reicht. Die Girlanden an den Enden mit Wasser anfeuchten und an der Torte anbringen. Wieder etwas weißen Fondant ausrollen und neun kleine Kreise ausstechen. Mit einem kleineren Ausstecher einen Rand in jeden »Knopf« prägen und mit der feinen Lochtülle je zwei Punkte aus der Mitte ausstechen. Die Knöpfe an den Stellen anbringen, wo zwei Girlanden aufeinandertreffen.

4 Gelben Fondant ausrollen und je acht kleine und mittlere Herzen ausstechen. Diese übereinander auf jedem zweiten Band anbringen. Wieder weißen Fondant ausrollen, mit der Schablone ein großes Herz ausschneiden und mit verdünntem essbaren Klebstoff auf der Mitte der Torte befestigen. Die Baby-Füße aus ausgerolltem gelben Fondant ausschneiden und auf das Herz kleben. Den Rand mit dem Kopierrädchen verzieren.

5 Mit der sehr feinen Lochtülle winzige Pünktchen rund um das Herz spritzen und einen Faden »durch« jeden Knopf ziehen. Mit der feinen Lochtülle einen Perlenrand um den Tortenboden spritzen. Das Band um den Rand des Tortenbodens legen und einen Knopf auf die Nahtstelle kleben.

GRUNDTECHNIKEN

**Rollschneider
verwenden** S. 118

**Verzierungen
modellieren** S. 96

**Perlen und Blüten
aufspritzen** S. 80

Lebkuchenhaus

Wie im Märchen verziert mit Eiweißspritzglasur und Fondant – dieses Lebkuchenhaus ist die perfekte Dekoration für Ihre Weihnachtstafel. Ihre Gäste werden beeindruckt sein. Backen Sie die einzelnen Lebkuchenteile am besten in Etappen.

 ZUBEREITUNG 2 Tage, inklusive Trocknen

 ERGIBT 1 Lebkuchenhaus

Zutaten

❋ 800 g Lebkuchenteig (s. S. 235)
❋ 500 g Eiweißspritzglasur (s. S. 35)
❋ 100 g gestärkter roter Fondant (s. S. 87)

Außerdem

❋ Mehl und Speisestärke zum Arbeiten
❋ Silikon-Ausrollstab
❋ Lebkuchenhaus-Schablonen (s. S. 246)
❋ Ausstecher (rechteckig, Weihnachtsbaum, Herz und rund)
❋ Tortenglätter
❋ Spritzbeutel mit mäßig feiner, feiner und sehr feiner Lochtülle
❋ quadratische Tortenplatte (28 cm), mit weißem Fondant überzogen (s. S. 51)
❋ 1 m rotes Satinband (1 cm breit)
❋ Klebstoff

1 Den Teig auf leicht bemehltem Backpapier 5 mm dick ausrollen. Mit der Schablone alle Hausteile sowie eine zusätzliche Dachplatte (s. Tipp S. 195) ausschneiden. Fenster und Weihnachtsbäume ausstechen.

2 Den Backofen auf 180 °C vorheizen. Das Backpapier mit den Lebkuchenteilen auf ein Backblech ziehen und im Ofen in 10–13 Minuten goldbraun backen. Herausnehmen, einige Minuten auf dem Backblech ruhen lassen, dann zum Abkühlen auf ein Kuchengitter legen.

3 Den Spritzbeutel mit der mäßig feinen Lochtülle ausstatten und mit Eiweißspritzglasur füllen. Mehrere gleichmäßige Schlaufen-Reihen als Ziegel auf zwei Dachplatten spritzen. Zur feinen Lochtülle wechseln und Muster und feine Pünktchen auf Wände und Vorderseite des Hauses spritzen (s. S. 80). Danach Rahmen um die Fenster und auf die Tür spritzen, die Schornstein-Oberfläche und die Bäume verzieren. Vor dem Zusammensetzen vollständig trocknen lassen.

4 Das Haus zusammensetzen (s. S. 66–67). Den Schornstein zusammenfügen und auf dem Dach anbringen. Aus der zusätzlichen Dachplatte einen 1 cm breiten Streifen in der Länge des Daches ausschneiden. Den Streifen mit Eiweißspritzglasur als Dachfirst anbringen.

5 Den roten Fondant auf der mit Stärke bestäubten Arbeitsfläche ausrollen. Winzige Herzen, Kreise und einen Kranz für die Tür ausstechen sowie kleine Kügelchen formen. Über Nacht trocknen lassen. Mit der feinsten Lochtülle Eiweißspritzglasur-Pünktchen auf den Kranz spritzen.

6 Mit der mäßig feinen Tülle Ecken und Übergänge mit Glasur-Perlen verzieren (s. S. 80). Die Fondant-Verzierungen mit Glasur am Haus befestigen. 1 Tag trocknen lassen. Das Haus mit Glasur auf der Tortenplatte befestigen und rundum einen Rand aus Eiweißspritzglasur-Perlen spritzen. Zuletzt das Satinband an der Tortenplatte befestigen (s. Tipp S. 195).

Tipp

*Eine zusätzliche Dachplatte
backen und einen Streifen für
den First ausschneiden. Den Rest
als Stützen verwenden. Das Band
mit Klebstoff an der Tortenplatte
fixieren, dabei die Nahtstelle
nach hinten legen. Mit
Glasur abdecken.*

GRUNDTECHNIKEN

**Schablonen
entwerfen** S. 57

**Dekorationen auf-
spritzen** S. 75

Lebkuchenhaus bauen
S. 66–67

Pätzchen-Ausstecher
S. 106–107

Ombré-Torte

Diese Torte mit dem spektakulären Farbverlauf lässt sich überraschend einfach zubereiten. Zuerst werden Kuchenböden in verschiedenen Rosatönen gebacken, dann mit Buttercreme zusammengesetzt und zuletzt farblich passend überzogen.

 ZUBEREITUNG 1 ½ Tage, inklusive Trocknen

 **ERGIBT** 10-20 Stücke

Zutaten

* 1 ½ Rezepte Vanilleku-chen-Masse (s. S. 228)
* 1 große Dose Speise-farben-Paste, fuchsia
* 750 g Buttercreme (s. S. 24)
* 25 g gestärkter fuchsiafar-bener Fondant (s. S. 87)

Außerdem

* 5 runde Kuchenformen (à 15 cm Ø), gefettet und mit Backpapier ausgelegt (s. S. 236)
* Tortenunterlage (15 cm Ø)
* Tortendrehplatte
* Teigkarte mit geraden Ecken
* Speisestärke zum Arbeiten
* Silikon-Ausrollstab
* Schmetterlings-Ausstecher in 2 Größen

1 Einen Tag vor dem Servieren für die Tortenböden den Backofen auf 180 °C vorheizen. Die Vanillekuchen-Masse in fünf Portionen teilen. Zur ersten Portion ⅛ TL Speisefarben-Paste geben, zur zweiten ¼ TL, zur dritten ½ TL, zur vierten ¾ TL und zur letzten 1 TL. Jeweils sorgfältig untermischen, bis die Massen gleichmäßig eingefärbt sind.

2 Die Massen in die Kuchenformen füllen und im Backofen 20 Minuten backen. Die Garprobe machen (s. S. 238). Die Böden vollständig abkühlen lassen, dann aus den Formen lösen und die Oberfläche begradigen (s. S. 239).

3 Etwas Buttercreme auf die Tortenunterlage geben, den dunkelsten Kuchenboden daraufsetzen und auf die Tortendrehplatte stellen. Die Kuchenböden mit Buttercreme-Füllung aufeinanderschichten (s. S. 28), dabei nach oben hin immer heller werden lassen. Die Krume versiegeln (s. S. 29) und 1 Stunde ruhen lassen.

4 Die restliche Buttercreme in fünf Portionen teilen. Jeweils etwas Speisefarbe untermischen und so fünf verschiedene Rosatöne mischen. Die unteren 2,5 cm des Tortenrands mit der dunkelsten Buttercreme überziehen. So nach oben fortfahren und dabei immer heller werden. Die Oberfläche mit der hellsten Buttercreme überziehen.

5 Die Teigkarte an den oberen Rand der Torte halten, die Drehplatte drehen und die Oberfläche so glätten. Eine Palette an die Farbübergänge halten und die Drehplatte erneut drehen, sodass an den Übergängen Streifen in der Buttercreme entstehen.

6 Den fuchsia Fondant auf der mit Stärke bestäubten Arbeitsfläche 2 mm dick ausrollen. Zwei Schmetterlinge ausstechen, die Flügel leicht nach oben biegen, auf Backpapier legen und über Nacht in einem aufgeschlagenen Buch trocknen lassen. Die Torte damit verzieren.

GRUNDTECHNIKEN

Schichttorten füllen
S. 28

Krume versiegeln
S. 29

**Ausstecher mit
Auswurf** S. 101–103

Cupcake-Strauß

Die Cupcakes werden mit Rosenblüten aus Buttercreme in verschiedenen Farben dekoriert und dann in einem Blumentopf arrangiert. Bis man die Spritztechnik beherrscht und so wunderschöne Rosen spritzen kann, muss man üben. Aber es lohnt sich.

 **ZUBEREITUNG**
1 ½ Std.

 ERGIBT 12 Stück

Zutaten

* 300 g Vanille-Buttercreme (s. S. 24), davon 100 g zartrosa und 100 g fuchsiafarben eingefärbt
* 12 Cupcakes (s. S. 240), vollständig abgekühlt
* 25 g Eiweißspritzglasur (s. S. 34)

Außerdem

* Spritzbeutel mit Füll- oder Lochtülle (s. S. 74)
* große Blütentülle
* Schaumstoffkugel (etwa 10 cm Ø)
* Keramik-Blumentopf (12,5 cm Ø)
* 6 Cocktailspieße
* helles Geschenkband (etwa 2 cm breit)

1 Die helle Buttercreme in den Spritzbeutel mit Fülltülle geben und jeweils etwas Buttercreme in die Cupcakes füllen.

2 Danach die Blütentülle in den Spritzbeutel einschrauben und auf 4 Cupcakes Rosenblüten aus heller Buttercreme aufspritzen. Dabei jeweils in der Mitte der Cupcakes ansetzen und die Creme gegen den Uhrzeigersinn mit gleichmäßigem Druck spiralförmig auftragen, bis die gesamte Oberfläche mit einer Blüte bedeckt ist.

3 Den Spritzbeutel auswaschen oder die Blütentülle in einen neuen Spritzbeutel einsetzen. Den Spritzbeutel mit zartrosa Buttercreme füllen und 4 weitere Cupcakes dekorieren wie in Schritt 2 beschrieben. Die restlichen Cupcakes ebenso mit fuchsiafarbener Buttercreme dekorieren. Die Cupcakes dann 15 Minuten ruhen lassen.

4 Die Schaumstoffkugel in den Blumentopf legen und die Cocktailspieße mit je 9 cm Abstand hineinstecken. Etwas Eiweißspritzglasur auf den Boden eines hellen Cupcakes streichen. Den Cupcake auf 1 Cocktailspieß stecken und etwa 30 Sekunden andrücken, bis die Glasur getrocknet ist. Mit 1 hellen Cupcake wiederholen. Danach ebenso je 2 andersfarbige Cupcakes befestigen.

5 Das Geschenkband um den Blumentopf schlingen und zu einer Schleife binden. Die restlichen Cupcakes dekorativ rund um den Strauß anrichten.

GRUNDTECHNIKEN

Cupcakes füllen
S. 33

Buttercreme-Rosen
S. 79

GRUNDTECHNIKEN

Tortenplatte über-
ziehen S. 51

Buttercreme-Rosen
S. 79

CUPCAKE-STRAUSS **VARIANTE**

Blütenherz

Für romantische Anlässe wie Valentinstag oder ein Jubiläum ist diese extravagante Torte in Herzform mit fliederfarbenen Buttercreme-Rosen einfach perfekt. Die Blüten halten am besten, wenn sie direkt nach dem Überziehen der Torte aufgespritzt werden.

 ZUBEREITUNG 1½ Tage, inklusive Trocknen    **ERGIBT** 15 Stücke

Zutaten

* 250 g gestärkter weißer Fondant (s. S. 87)
* herzförmiger Vanillekuchen (20 cm Ø, s. S. 228), 2 Lagen mit Buttercreme-Füllung, Krume versiegelt, mit Buttercreme-Überzug (S. 29–31)
* 500 g Buttercreme (s. S. 24), mit fliederfarbener Speisefarben-Paste eingefärbt

Außerdem

* Silikon-Ausrollstab
* Speisestärke zum Arbeiten
* herzförmige Tortenplatte (30 cm Ø)
* Tortenglätter
* Spritzbeutel mit großer Blütentülle
* 1 m hellgrünes Satinband (1 cm breit)
* Klebstoff

1 Einen Tag vor dem Servieren den gestärkten weißen Fondant mit dem Ausrollstab auf der mit Speisestärke bestäubten Arbeitsfläche 2 mm dick ausrollen. Die Tortenplatte damit überziehen, mit dem Tortenglätter rundum andrücken und über Nacht antrocknen lassen.

2 Die Torte (mit versiegelter Krume und erstem Buttercreme-Überzug) auf die Arbeitsfläche stellen. Die fliederfarbene Buttercreme in den Spritzbeutel füllen.

3 An der Oberfläche beginnend Rosenblüten aus Buttercreme auf die Torte spritzen. Dafür jeweils etwas Buttercreme an der Stelle auftragen, wo die Mitte einer Blüte sein soll. Dann die Creme gegen den Uhrzeigersinn mit gleichmäßigem Druck spiralförmig auftragen, bis eine Blüte von etwa 2 cm Durchmesser entstanden ist.

4 Auf diese Weise Oberfläche und Rand der Torte vollständig mit Buttercreme-Rosenblüten bedecken. In die Lücken zwischen den Blüten kleine Buttercreme-Sterne spritzen.

5 Die Torte mit einem großen, breiten Spachtel oder einem Tortenretter auf die überzogene Tortenplatte setzen. Das Satinband um den Rand der Tortenplatte legen und mit Klebstoff fixieren. Dabei darauf achten, dass die Nahtstelle auf der Rückseite liegt.

Handtaschen-Torte

Diese spektakuläre Torte mit Steppnaht-Muster sieht aus wie eine echte Designer-Handtasche. Ihre Zubereitung ist gar nicht so kompliziert, wie es auf den ersten Blick scheint.

 ZUBEREITUNG 1 ½ Tage, inklusive Trocknen

 ERGIBT 40 Stücke

Zutaten

* 1 quadratischer Vanille-kuchen (23 cm, s. S. 228)
* 100 g Buttercreme (s. S. 24)
* 1,5 kg fliederfarbener Fondant
* 50 g schwarze Blütenpaste
* 50 g gestärkter schwarzer Fondant (s. S. 87)
* 50 g graue Blütenpaste
* Speisefarben-Pulver, silber-metallic
* Rejuvenator-Spirit oder Wodka
* 25 g Eiweißspritzglasur

1 Den Kuchen waagerecht halbieren. Etwas Buttercreme auf den Boden streichen, den Deckel wieder auflegen und den Kuchen 2 Stunden tief-kühlen. Danach mit einem scharfen Messer keilförmig zuschneiden. Die Krume mit Buttercreme versiegeln (s. S. 29) und 1 Stunde ruhen lassen.

2 Den fliederfarbenen Fondant mit dem Ausrollstab auf der mit Stärke bestäubten Arbeitsfläche 4 mm dick ausrollen. Die Torte damit über-ziehen. Mit dem Tortenglätter sorgfältig andrücken. Unten überstehenden Fondant abschneiden und die Ränder unter die Torte schieben. Die Torte auf die überzogene Tortenplatte stellen und erneut glätten. Mit dem Vei-ning-Modellierstab tiefe Falten in den Fondant prägen.

3 Aus dem restlichen ausgerollten fliederfarbenen Fondant ein Rechteck mit einer abgerundeten Seite als Verschluss ausschneiden. Für die Rundung die Tortenunterlage als Schablone benutzen. Mit dem Kopier-rädchen in 2,5 cm breitem Abstand ein Steppmuster hineinprägen. Die Rückseite der Verschlussklappe leicht mit Wasser anfeuchten und oben auf der Vorderseite der Torte anbringen.

4 Für die Griffe die schwarze Blütenpaste auf der mit Stärke bestäubten Arbeitsfläche ausrollen und zwei Streifen (à 20 x 3,5 cm) ausschneiden. Entlang der Seiten mit dem Kopierrädchen Nähte einprägen.

GRUNDTECHNIKEN

Torten formen und überziehen S. 65

Verzierungen modellieren S. 96–97

Steppnähte S. 156

Außerdem

* Silikon-Ausrollstab
* Speisestärke zum Arbeiten
* Tortenglätter
* Tortenplatte (30 cm ∅) mit hellem Fondant-Überzug
* Veining-Modellierstab
* Tortenunterlage (20 cm ∅) als Schablone
* Kopierrädchen
* große Lochtülle
* 1 m weißes Satinband (1 cm breit)
* Klebstoff

Tipp

Eine Schleife aus schwarzem Fondant formen und mit einem dünnen Band aus grauem Fondant als Talisman an einem der Griffe befestigen. Eine einzelne Schlaufe formen und durch eine Seite der Schleife stecken. Nach Belieben kolorieren.

5 Die Streifen auf der Rückseite mit Wasser anfeuchten und der Länge nach zusammenfalten. An den Enden jeweils 5 cm flach drücken und zu Schlaufen biegen. Über Nacht trocknen lassen.

6 Für die Zierleisten aus gestärktem schwarzen Fondant von Hand eine möglichst langen Rolle formen. Mit dem Tortenglätter sanft über die Oberfläche streichen, bis sie abgerundet und schön glatt ist. Dabei immer nur eine Fondant-Rolle für den Abschnitt der Handtasche formen, an dem gerade gearbeitet wird. Etwas Wasser auf den Tortenrand des jeweiligen Abschnitts pinseln und die Zierleiste anbringen.

7 Aus grauer Blütenpaste eine weitere dünne Rolle formen und in 15 Stücke (à 7 cm) schneiden. Ein Ende eines Stücks anfeuchten und zu einer Schlaufe legen. Den Übergang mit den Fingern glätten. Das nächste Stück Fondant durch diese Schlaufe ziehen und ebenfalls zu einer Schlaufe verbinden. So fortfahren, bis die Kette lang genug ist, dass sie von einer Oberkante der Torte bis zur Tortenplatte reicht und noch halb um die Torte gelegt werden kann.

8 Die Kette mit etwas Wasser an einer Seite der Torte (an der Verschlussklappe) befestigen und ebenso am Rand entlang bis auf die Tortenplatte. Für die andere Seite der Handtasche eine gleich lange Kette aus grauem Fondant formen und ebenso befestigen.

9 Um die Ketten zu verbinden, ein Stück schwarzen Fondant als Schultergurt ausrollen (10 x 3 cm). Mit dem Kopierrädchen eine Naht in den Rand prägen und mit der Lochtülle auf beiden Seiten ein Loch für die Kette ausstechen. Zwei weitere Kettenglieder formen, durch die Löcher fädeln und mit den Ketten verbinden. Silber-metallic Pulver mit Rejuvenator-Spirit anrühren und die Kette damit kolorieren. Eventuelle Farbflecken mit einem weichen, in etwas Rejuvenator-Spirit getauchten Tuch vorsichtig abtupfen.

10 Die getrockneten Griffe mit Eiweißspritzglasur anbringen. Während des Trocknens mit etwas Pappe abstützen.

11 Mit der Spitze der Lochtülle vier kleine schwarze Fondant-Kreise ausstechen und unten an die Handgriffe kleben. Mit der angerührten Silber-Metallic-Farbe kolorieren. Zuletzt das Satinband mit der Nahtstelle nach hinten um die Tortenplatte kleben.

Handtaschen-Torte Seite 202–203

Blümchen-Torte Seite 206–207

Blümchen-Torte

Diese hübsche zweistöckige Torte mit weißem Fondant-Überzug wird mit kleinen Fondant-Blüten und einem einfachen Streifenmuster aus fuchsiafarbener Eiweißspritzglasur dekoriert.

 ZUBEREITUNG 2 Tage, inklusive Trocknen

 **ERGIBT** 20 Stücke

Zutaten

* Vanillekuchen (18 cm Ø, s. S. 228 und 248), 3 Lagen (à 2,5 cm) mit Buttercreme-Füllung (s. S. 28)
* Vanillekuchen (12,5 cm Ø, s. S. 228 und 248), 2 Lagen (à 2,5 cm) mit Buttercreme-Füllung (s. S. 28)
* 200 g Buttercreme (s. S. 24)
* 1 kg weißer Fondant
* Tylose-Pulver
* 100 g rosafarbene Eiweiß-spritzglasur (s. S. 35)

1 Zwei Tage vor dem Servieren die Vanillekuchen jeweils auf die passende Tortenunterlage stellen. Dann die Krume von beiden Kuchen versiegeln und jeweils mit einer feinen Schicht Buttercreme überziehen (s. S. 29). Über Nacht fest werden lassen.

2 Den weißen Fondant mit dem Ausrollstab auf der mit Puder-zucker bestäubten Arbeitsfläche ausrollen. Den großen Kuchen auf der Tortenunterlage damit überziehen. Oberfläche und Rand sorgfältig glätten. Mit dem kleinen Kuchen wiederholen, 1–2 Tage trocknen lassen.

3 Den restlichen weißen Fondant mit Tylose-Pulver stärken (s. S. 87). Sorgfältig in Frischhaltefolie wickeln und 24 Stunden ruhen lassen, bis die Masse formbar ist.

4 Sobald der Fondant auf dem großen Kuchen getrocknet ist, das Schablonen-Muster mit Eiweißspritzglasur übertragen. Dafür zuerst 1 cm unter dem oberen Rand mit einem Lineal rundherum eine schwache Linie prägen.

5 Die Schablone an der Linie anlegen und mit Kreppband befesti-gen. Mit einer Palette rosafarbene Eiweißspritzglasur auftragen,

GRUNDTECHNIKEN

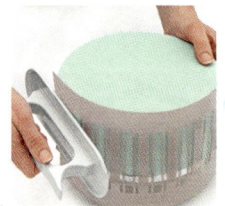

Tortenrand verzieren S. 125

Mehrstöckige Torten S. 68

Rollschneider verwenden S. 118

Speisefarben-Pulver S. 136

* 100 g gestärkter rosafarbener Fondant (s. S. 87)
* Speisefarben-Pulver
  (orange und rosa)
* 50 g weiße Eiweißspritzglasur (s. S. 35)
* frische essbare Blüten

Außerdem

* 2 Tortenunterlagen
  (18 cm und 12,5 cm Ø)
* Silikon-Ausrollstab
* Puderzucker und Speise-
  stärke zum Arbeiten
* Streifen-Schablone
* Kreppband
* 4 Dübel
* Rollschneider mit glattem
  Aufsatz
* kleiner Blüten-Ausstecher
* Blüten-Modelliermatte
* Kugel-Modellierstab
* Spritzbeutel mit sehr
  feiner Lochtülle

dabei in eine Richtung streichen. Antrocknen lassen, dann die Schablone entfernen und direkt neben dem aufgetragenen Muster erneut
befestigen. Wieder Eiweißspritzglasur darauf verstreichen und antrocknen lassen. Das Streifenmuster so rundherum auftragen. Unregelmäßige Flächen mit einem in Wasser getauchten Pinsel korrigieren.

6 Die Dübel zurechtschneiden und in den großen Kuchen stecken (s.
S. 68). Den kleinen Kuchen auf der Tortenunterlage mittig daraufsetzen und mit Eiweißspritzglasur oder Buttercreme fixieren.

7 Den gestärkten rosafarbenen Fondant auf der mit Stärke bestäubten Arbeitsfläche 5 mm dick ausrollen. Mit dem Rollschneider ein
Band ausschneiden (etwa 50 x 3 cm, etwas länger als der Umfang der
kleinen Torte).

8 Einen Zeichenpinsel in Wasser tauchen und den Rand der kleinen
Torte rundum etwa 3 cm hoch anfeuchten. Das Fondant-Band dann
rundum befestigen. Dabei das Band zuerst aufrollen, dann vorsichtig
rund um die Torte wieder abwickeln.

9 Den gestärkten weißen Fondant (s. Schritt 3) auf der mit Stärke
bestäubten Arbeitsfläche 2 mm dick ausrollen. Die Oberfläche
leicht mit Stärke bestäuben und 25 kleine Blüten ausstechen.

10 Die Blüten auf die Modelliermatte legen und die Ränder
mit dem Kugel-Modellierstab ausdünnen. Etwa 10 Minuten
antrocknen lassen.

11 Die Hälfte der Blüten mit orangefarbenem Speisefarben-Pulver bestäuben, die andere Hälfte mit rosafarbenem Pulver. Die
weiße Eiweißspritzglasur in den Spritzbeutel füllen und feine Pünktchen in die Mitte jeder Blüte spritzen (s. S. 80). Die Blüten mit Eiweißspritzglasur dekorativ auf der Torte befestigen.

12 Die Torte zuletzt mit frischen Blüten dekorieren. Sie sollten
farblich zu den Fondant-Blüten passen.

Koffer-Torte

»Gute Reise!« Für Abschiedspartys oder um einen besonderen Urlaub zu feiern, ist diese Torte in Kofferform mit handgenähter Umrandung und Verschlüssen in Metalloptik ideal. Ein absolutes Highlight sind die essbaren Plaketten, bedruckt mit den liebsten Urlaubsmotiven.

 ZUBEREITUNG 1 ½ Tage, inklusive Trocknen    **ERGIBT** 40 Stücke

Zutaten

* 2,5 kg brauner Fondant
* 2 Rührkuchen (à 18 x 28 cm, s. S. 228 und 248), zusammengesetzt mit Buttercreme, Krume versiegelt (s. S. 29)
* 200 g gestärkter fliederfarbener Fondant (s. S. 87)
* je 50 g gestärkter gelber und dunkelbrauner Fondant (s. S. 87)
* Speisefarben-Pulver, gold-metallic
* Rejuvenator-Spirit

Außerdem

* Speisestärke zum Arbeiten
* Silikon-Ausrollstab
* Schneiderädchen
* rechteckige Tortenplatte mit Fondant-Überzug
* Rollschneider
* Kopierrädchen
* feine Lochtülle
* runde Ausstecher (2 cm und 1,5 cm Ø)

1 Den braunen Fondant auf der mit Stärke bestäubten Arbeitsfläche 3 mm dick zu einem großen Rechteck ausrollen. Den Kuchen damit überziehen (s. S. 50). Am Rand halbhoch (etwa 5 cm vom Boden) rundherum eine Linie im Fondant markieren und mit dem Schneiderädchen prägen. Die Torte so auf der Tortenplatte platzieren, dass sie näher am hinteren Rand steht. Über Nacht antrocknen lassen.

2 Den fliederfarbenen Fondant 2 mm dick ausrollen. Mit dem Rollschneider zwei Streifen (1 cm breit) ausschneiden und als Saum um den unteren und oberen Rand der Torte befestigen. Dabei die Nahtstelle jeweils nach hinten legen. Mit dem Kopierrädchen Nahtlinien in die Ränder prägen.

3 Den gelben Fondant ausrollen und zwei Rechtecke (à 4 x 2,5 cm) ausschneiden. Die Ecken abrunden und mit der Lochtülle je vier Löcher einprägen. Jeweils 3 cm von den Ecken entfernt mit etwas Wasser an der Vorderseite der Torte an der unteren Hälfte anbringen. Zwei gelbe Rechtecke (à 3 x 1 cm) ausschneiden, ebenso formen und prägen. Diese an der oberen Hälfte oberhalb der großen Rechtecke anbringen. Zwei weitere Rechtecke (à 1,5 x 1 cm) ausschneiden und mit 4 cm Abstand in der Mitte der unteren Hälfte der Vorderseite anbringen.

4 Mit den Ausstechern je zwei Kreise ausstechen. Die Rückseiten leicht anfeuchten und jeweils einen großen Kreis auf den unteren Rechtecken befestigen. Die kleinen Kreise darauf anbringen. Zwei Schnappverschlüsse formen und mit Wasser jeweils zwischen oberem und unterem Rechteck anbringen. Gold-metallic Pulver mit Rejuvenator-Spirit anrühren und die Verschlüsse damit kolorieren.

5 Aus dunkelbraunem Fondant eine Rolle (1,5 x 15 cm) für den Griff formen, flach drücken und mit dem Kopierrädchen eine Naht einprägen. Am Koffer befestigen und einige Minuten stützen, damit der Griff hält. Den Koffer nach Wunsch mit essbaren Bildern verzieren (s. Tipp S. 209).

Tipp

Fotos auf Fondantpapier drucken (s. S. 150–151), vom Trägerpapier lösen und auf 3 mm dick ausgerollter weißer Blütenpaste anbringen. Trocknen lassen. Mit einem Skalpell ausschneiden und mit etwas Wasser auf den Koffer kleben.

GRUNDTECHNIKEN

Rollschneider verwenden S. 118

Speisefarben-Pulver S. 136

Fotos auf Fondantpapier S. 150-151

Schokoladen-Hochzeitstorte

Feine Röllchen aus Zartbitterschokolade umgeben diese spektakuläre Hochzeitstorte, verziert mit Schokoladen-Rosenblüten und Schokoladen-Bändern. Die Rosenblüten werden in Styropor-Böden gesteckt, die zwischen den einzelnen Lagen für Höhe sorgen.

 ZUBEREITUNG 1 ½ Tage, inklusive Trocknen

 ERGIBT 120 dünne Stücke oder 60 Dessert-Portionen

Zutaten

* 3 kg schokoladenbrauner Fondant
* Tylose-Pulver
* 1,4 kg Zartbitter-Schokoladenröllchen (s. S. 42)
* 3 Schokoladenkuchen (10 cm, 15 cm, 20 cm Ø, mit je 3 Lagen à 2,5 cm, s. S. 232 und 248) mit Schokoladen-Buttercreme-Füllung und -Überzug (s. S. 25, insgesamt 750 g Buttercreme)

1 Einen Tag vor dem Servieren den schokoladenbraunen Fondant mit Tylose-Pulver stärken (s. S. 87). Dann auf der mit Puderzucker bestäubten Arbeitsfläche ausrollen und die Tortenplatte damit überziehen (s. S. 51). Die beiden Styropor-Böden ebenfalls mit dem Fondant überziehen. Über Nacht trocknen lassen.

2 Ebenfalls einen Tag vor dem Servieren aus gestärktem schokobraunen Fondant 55 Rosenblüten (à 6 cm Ø) mit je 12–15 Blütenblättern modellieren (s. S. 88). Ebenfalls die Schokoladen-Röllchen zubereiten (s. S. 42). Blüten und Röllchen 1 Tag trocknen lassen.

3 Am nächsten Tag den größten Kuchen mit etwas geschmolzener Schokolade in der Mitte der überzogenen Tortenplatte fixieren. Dann 5 Dübel hineinstecken und diese entsprechend kürzen. Den mittleren Kuchen auf die passende Tortenunterlage stellen, 4 Dübel hineinstecken und kürzen. Den kleinsten Kuchen auf der kleinen Tortenunterlage platzieren und beiseitestellen.

WEITER AUF SEITE 212 • • • •

GRUNDTECHNIKEN

Fondant-Rosen modellieren S. 88

Mehrstöckige Torten S. 68

Rollschneider verwenden S. 118

Verzierungen modellieren S. 96

Tipp

Die Torte vorsichtig mit dem Dampfbügeleisen aus 10 cm Entfernung rundherum dämpfen oder leicht mit Lebensmittel-Lack besprühen (s. S. 159). Die Schokoladenröllchen möglichst wenig und nur mit Baumwollhandschuhen anfassen.

* 200 g Zartbitterschoko-
  lade, geschmolzen, zum
  Fixieren
* 100 g weiße Schokola-
  den-Modelliermasse
  (s. S. 44–45)

Außerdem

* Silikon-Ausrollstab
* Puderzucker zum Arbeiten
* Tortenplatte (30 cm Ø)
* 2 Styropor-Böden
  (12,5 cm und 18 cm Ø,
  je 4 cm hoch)
* Rosenblüten-Ausstecher
* 9 Dübel
* 2 Tortenunterlagen
  (15 cm und 20 cm Ø)
* Rollschneider mit
  glattem Aufsatz

4 Die Schokoladenröllchen dicht nebeneinander in den Buttercreme-Überzug rund um die drei Kuchen drücken. Bei Bedarf noch etwas Buttercreme auftragen, dann 30 Minuten antrocknen lassen.

5 Sobald die Schokoladenröllchen gut haften, den großen überzogenen Styropor-Boden mit geschmolzener Schokolade auf der Mitte der größten Torte befestigen. Darauf die mittlere Torte mit geschmolzener Schokolade fixieren.

6 Den kleinen überzogenen Styropor-Boden mit geschmolzener Schokolade auf der mittleren Torte anbringen. Darauf die kleinste Torte mit geschmolzener Schokolade befestigen.

7 Den Umfang der untersten Torte messen (etwa 81 cm). Etwas gestärkten schokobraunen Fondant auf der mit Puderzucker bestäubten Arbeitsfläche 3 mm dick ausrollen. Mit dem Rollschneider ein Band ausschneiden (3 cm breit, etwas länger als der Tortenumfang). So beiseitelegen, dass das Band flach bleibt.

8 Den Umfang von mittlerer und oberer Torte messen und zwei je 3 cm breite Bänder in der entsprechenden Länge zurechtschneiden.

9 Die Schokoladen-Modelliermasse auf der mit Puderzucker bestäubten Arbeitsfläche 3 mm dick ausrollen. Drei Bänder (je 1 cm breit) in der jeweiligen Längen der Fondant-Bänder ausschneiden. Jeweils ein weißes Band auf die Mitte des gleich langen dunklen Bands legen. Vorsichtig darüberstreichen und das weiße Band so fixieren.

10 Geschmolzene Schokolade um den unteren Rand der untersten Torte streichen und das passende Band darauf befestigen. Die restlichen Bändern ebenso an den anderen Torten befestigen.

11 Den restlichen schokoladenbraunen Fondant 3 mm dick ausrollen und mit dem Rollschneider sechs Bänder (à 10 x 3 cm) ausschneiden. Diese zu Schlaufen formen. Dann jeweils zwei Schlaufen in der Mitte mit zusätzlichem Fondant zu Schleifen zusammenbinden. Die Schleifen über dem Saum der Schokoladen-Bänder anbringen. Die Rosenblüten mit geschmolzener Schokolade auf der Oberfläche und zwischen den einzelnen Lagen der Torte anbringen.

SCHOKOLADEN-HOCHZEITSTORTE **VARIANTE**

Hochzeitstörtchen

Diese Mini-Torten mit Ganache- und Fondant-Überzug werden mit hübschen Bändern und Rosenblüten aus Schokolade dekoriert. Das perfekte Mitbringsel oder ein köstliches Dessert. Wer mag,
stellt die Bänder aus weißer Modellierschokolade her (s. S. 212).

 ZUBEREITUNG 1 ½ Tage, inklusive Trocknen    **ERGIBT** 12 Stück

Zutaten

* 1,2 kg schokoladen-
  brauner Fondant
* Tylose-Pulver
* 12 Mini-Schokoladen-
  kuchen (7 cm Ø, s. S. 232)
  waagerecht halbiert und
  mit Buttercreme gefüllt
  (s. S. 25)
* 900 g Zartbitter-Ganache
  (s. S. 38)
* 50 g Zartbitterschoko-
  lade, geschmolzen
* essbarer Klebstoff

Außerdem

* Silikon-Ausrollstab
* Puderzucker zum Arbeiten
* Rosenblatt-Ausstecher,
  klein
* Teigkarte mit geraden
  Ecken
* Tortenglätter
* 2,5 m elfenbeinfarbenes
  Ripsband (12 mm)

1 200 g schokoladenbraunen Fondant mit Tylose-Pulver stärken (s. S. 87) und über Nacht ruhen lassen. Sobald der Fondant formbar ist, 12 kleine Rosen (à 2,5 cm Ø) modellieren (s. S. 88) und 30 Minuten ruhen lassen. Erneut etwas Fondant auf der mit Puder-zucker bestäubten Arbeitsfläche 2 mm dick ausrollen und 24 Blätter ausstechen. Die Spitzen leicht biegen und 30 Minuten antrocknen lassen. Seiten und Oberfläche der Törtchen mit einer Palette mit Ganache überziehen und mit der Teigkarte glätten.

2 Den restlichen Fondant 3 mm dick ausrollen. 12 Kreise in der Größe der Törtchen ausstechen und diese damit überziehen. Den Fondant mit dem Tortenglätter glätten. Unten überstehenden Fondant abschneiden und die Törtchen 30 Minuten ruhen lassen.

3 Auf den Törtchen jeweils 1 Rose und 2 Blätter mit geschmolzener Schokolade befestigen. Das Band in 12 Stücke schneiden und mit essbarem Klebstoff um den Boden der Törtchen fixieren.

Filigran-Hochzeitstorte

Für den schönsten Tag des Lebens. Diese dreistöckige Torte ist traumhaft verziert mit einem feinen Spitzenmuster sowie mit Fondant-Rosen, Blättern und Blüten-Applikationen. Besonders edel wirkt sie mit frischen Blüten.

 **ZUBEREITUNG** 4 Tage, inklusive Trocknen

 **ERGIBT** 90-100 dünne Stücke

Zutaten

* 3 Früchtekuchen (15 cm, 20 cm und 25 cm Ø, je 7,5 cm hoch, s. S. 233 und 248)
* 300 g Aprikotur (s. S. 37)
* 2 kg Marzipan
* 3 kg weißer Fondant
* 200 g fuchsiafarbene Blütenpaste
* 100 g blattgrüne Blütenpaste
* Speisefarben-Pulver (burgunderrot und rosa)
* 500 g Eiweißspritzglasur (s. S. 35)

1 Vier Tage vor dem Servieren die Früchtekuchen auf die passenden Tortenunterlagen stellen und aprikotieren. Danach alle Kuchen mit Marzipan überziehen (s. S. 37) und über Nacht trocknen lassen.

2 Das angetrocknete Marzipan mit Wasser anfeuchten. Den weißen Fondant auf der mit Puderzucker bestäubten Arbeitsfläche 4 mm dick ausrollen und die Kuchen damit überziehen (s. S. 50). Unten überstehenden Fondant abschneiden, dann 2–3 Tage ruhen lassen. Den restlichen Fondant in Frischhaltefolie wickeln und aufbewahren.

3 Für die Rosen aus fuchsiafarbener Blütenpaste 6–7 Kegel formen (s. S. 88) und jeweils auf Floristendraht stecken. Aufrecht mehrere Tage trocknen lassen (s. S. 112). Danach die Oberfläche der Kegel dünn mit Kokosfett bestreichen. Die Blütenpaste 1 mm dick ausrollen und daraus an fünf der Kegel geöffnete Rosenblüten modellieren. An den restlichen Kegeln Rosenknospen aus je fünf Blütenblättern modellieren. Aus blattgrüner Blütenpaste kleine Kugeln formen und unter die Kegel auf die Drähte stecken. Etwas blattgrüne Blütenpaste ausrollen und Blütenkelche ausstechen. Den Draht jeweils durch die Mitte stecken, die Blütenkelche leicht anfeuchten, nach oben ziehen und an die grünen Kugeln

WEITER AUF SEITE 216 ••••

GRUNDTECHNIKEN

Marzipan als Überzug S. 37

Fondant-Rosen modellieren S. 88

Filigrane Muster S. 81

Mehrstöckige Torten S. 68

Tipp

Rosenblüten kann man auch auf gefetteten Zahnstochern trocknen lassen. Die getrockneten Rosen dann lösen und mit Glasur auf der Torte befestigt (s. Schritt 10). Blüten mit Draht in Blumensteckern anbringen (s. S. 18).

* Speisefarben-Pulver mit Perlmuttglanz
* Rejuvenator-Spirit oder Wodka

Außerdem

* 3 Tortenunterlagen (10 cm, 20 cm und 25 cm ∅)
* Puderzucker und Speisestärke zum Arbeiten
* Silikon-Ausrollstab
* Floristendraht (18 g)
* Kokosfett zum Arbeiten
* Blütenkelch-Ausstecher
* Blatt-Ausstecher-Set
* Kugel-Modellierstab
* Rosenblatt-Prägestempel
* Wellenrand-Schablone (s. S. 245)
* Kreppband
* Reißnadel
* Tortendrehplatte
* kleiner Spritzbeutel mit sehr feiner Lochtülle
* Blütenblatt-Ausstecher mit Prägefunktion
* 11 Dübel
* Tortenplatte (33 cm ∅), mit weißem Fondant überzogen (s. S. 51)
* 1 m weißes Satinband (1 cm breit)
* Klebstoff

drücken, sodass sie die Grundlage der Rosenblüten bilden. Aufrecht über Nacht trocknen lassen. Mit dem Pinsel burgunderrotes Speisefarben-Pulver auf die Ränder der getrockneten Blütenblätter auftragen und diese dämpfen (s. S. 143). Trocknen lassen. Die Drähte vorsichtig entfernen oder in Blumenstecker stecken (s. Tipp S. 215).

4 Wieder etwas grüne Blütenpaste 1 mm dick ausrollen mit dem Rosenblatt-Ausstecher Blätter ausstechen. Die Ränder mit dem Kugel-Modellierstab ausdünnen. Über Nacht trocknen lassen. Rosa Farbpulver auf die Ränder auftragen, dämpfen und trocknen lassen.

5 Sobald der Kuchen-Überzug angetrocknet ist, für alle drei Lagen Wellenrand-Schablonen ausschneiden. Diese um die Kuchen legen und mit Kreppband befestigen. Die Umrisse mit der Reißnadel in den Fondant prägen. Die Schablonen entfernen und den größten Kuchen auf die Tortendrehplatte stellen. Den Spritzbeutel mit Eiweißspritzglasur füllen und die markierte Wellenlinie nachziehen. Bei den anderen Kuchen wiederholen.

6 Den restlichen weißen Fondant (s. Schritt 2) auf der mit Speisestärke bestäubten Arbeitsfläche 1 mm dick ausrollen und 18 Blüten ausstechen. Diese in gleichmäßigem Abstand mit etwas Wasser in der Mitte unter der Wellenlinie an den Kuchen anbringen.

7 Danach rund um die Blüten mit Eiweißspritzglasur filigrane Linien aufspritzen. Zuletzt winzige Pünktchen über die Wellenlinien spritzen.

8 In den größten Kuchen 6 Dübel stecken, in den mittleren 5 Dübel. Den größten Kuchen samt Tortenunterlage mit Eiweißspritzglasur in der Mitte der überzogenen Tortenplatte befestigen. Die beiden anderen Kuchen ebenso darauf anbringen (s. S. 68).

9 Rund um den unteren Rand jeder Lage eine Perlenkette aus Eiweißspritzglasur auftragen (s. S. 80). Das Farbpulver mit Perlmuttglanz mit Rejuvenator-Spirit anrühren und die Perlen damit kolorieren.

10 Die Rosenblüten mit Eiweißspritzglasur auf der Torte anbringen oder in den Blumensteckern darin befestigen (s. Tipp S. 215). Das Satinband mit Klebstoff an der Tortenplatte fixieren. Dabei darauf achten, dass die Nahtstelle an der Rückseite liegt.

FILIGRAN-HOCHZEITSTORTE **VARIANTE**

Brautspitzen-Cupcakes

Diese feinen Cupcakes sind mit einem filigranen Spritzglasur-Muster verziert und zusätzlich mit einer aufgespritzten, perlmuttfarben kolorierten Perlenkette eingefasst. Damit die Fondant-Kreise die Cupcakes vollständig bedecken, diese unbedingt genau ausmessen.

 **ZUBEREITUNG**
2 Stunden

 ERGIBT 12 Stück

Zutaten

* 200 g weißer Fondant
* 12 Cupcakes (s. S. 240), dünn mit Buttercreme überzogen (s. S. 24–25)
* 150 g Eiweißspritzglasur (s. S. 35)
* Speisefarben-Pulver mit Perlmuttglanz
* Rejuvenator-Spirit oder Wodka
* 12 Zucker-Diamanten

Außerdem

* Puderzucker zum Arbeiten
* Silikon-Ausrollstab
* runder Ausstecher (7,5 cm Ø)
* Tortenglätter
* Spritzbeutel mit sehr feiner und feiner Lochtülle

1 Den Fondant auf der mit Puderzucker bestäubten Arbeitsfläche 3 mm dick ausrollen. Mit dem Ausstecher 12 Kreise ausstechen. Die Rückseite jeweils mit Wasser anfeuchten und die Kreise auf die Cupcakes legen. Dabei darauf achten, dass die Oberfläche vollständig abgedeckt ist. Die Kreise mit dem Tortenglätter sorgfältig andrücken.

2 Die Eiweißspritzglasur in den Spritzbeutel mit sehr feiner Lochtülle füllen und ein filigranes Muster auf die Oberfläche der Cupcakes spritzen (s. S. 81). Dabei rundum einen 2 mm breiten Rand frei lassen.

3 Danach mit der feinen Lochtülle miteinander verbundene Perlen aus Eiweißspritzglasur um den Rand der Cupcakes spritzen (s. S. 80). Mindestens 1 Stunde trocknen lassen.

4 Das Speisefarben-Pulver mit Rejuvenator-Spirit anrühren und die getrockneten Perlen damit kolorieren. In der Mitte der Cupcakes je 1 Zucker-Diamanten mit 1 Tropfen Glasur befestigen.

Weihnachtliche Schokoroulade

Diese wunderbar cremige und schokoladige Biskuitroulade sieht aus wie ein Baumstamm. Mit glitzernden Schneeflocken dekoriert ist sie der Höhepunkt auf jeder weihnachtlichen Kaffeetafel oder der krönende Abschluss des Weihnachtsmenüs.

 ZUBEREITUNG 1 ½ Tage, inklusive Trocknen    **ERGIBT** 10 Stücke

Zutaten

* ✻ 50 g gestärkter weißer Fondant (s. S. 87), 3 mm dick ausgerollt
* ✻ 4 Eier
* ✻ 100 g Zucker
* ✻ 100 g Mehl
* ✻ 3 EL Kakaopulver
* ✻ ½ TL Backpulver
* ✻ 200 g Sahne
* ✻ 1 Päckchen Vanillezucker
* ✻ 600 g Schokoladen-Buttercreme (s. S. 25)
* ✻ je 50 g Fondant in drei verschiedenen Brauntönen
* ✻ essbarer Glitter
* ✻ Puderzucker

Außerdem

* ✻ Schneeflocken-Ausstecher mit Auswurf
* ✻ Backblech (20 x 28 cm), belegt mit Backpapier
* ✻ Speisestärke zum Arbeiten
* ✻ Silikon-Ausrollstab

1 Einen Tag vor dem Servieren den weißen Fondant ausrollen und Schneeflocken ausstechen. Auf Backpapier über Nacht trocknen lassen.

2 Den Backofen auf 180 °C vorheizen. Eier, Zucker und 1 EL Wasser in einer Rührschüssel in etwa 5 Minuten dickschaumig schlagen. Mehl, Kakao und Backpulver mischen, auf den Eierschaum sieben und unterheben. Die Masse gleichmäßig auf das Backblech streichen und im Ofen 12 Minuten backen. Zur Garprobe sanft auf die Oberfläche drücken. Wenn sie leicht zurückfedert, ist der Biskuit fertig (s. S. 238). Inzwischen Sahne und Vanillezucker steif schlagen. Kühl stellen.

3 Die Arbeitsfläche mit Backpapier belegen und den Biskuitboden daraufstürzen. Das Backpapier von der Rückseite lösen, solange der Biskuit noch warm ist. Den Boden dann mit dem frischen Backpapier längs aufrollen. Die Rolle auf die Nahtstelle legen und abkühlen lassen.

4 Den abgekühlten Biskuitboden wieder entrollen und die Schlagsahne darauf verstreichen. Den Biskuit erneut aufrollen, mit der Nahtstelle nach unten auf eine Tortenplatte legen und 1 Stunde ruhen lassen. An einem Ende ein Viertel schräg abschneiden und als Ast an eine Seite der Rolle setzen. Die Schoko-Buttercreme vorsichtig erwärmen, bis sie sich gut verstreichen lässt. Biskuitrolle und Ast rundum damit überziehen. Mit einer Gabel ein Rindenmuster in die Oberfläche ziehen.

5 Die drei verschieden braunen Fondantstücke jeweils zu einer Rolle formen. Die Rollen zusammenlegen und miteinander verdrehen. Dann auf der mit Stärke bestäubten Arbeitsfläche ausrollen. Diese gestreifte Masse wieder aufrollen, flach drücken und erneut ausrollen, bis eine spiralförmige Maserung entsteht. Daraus drei Kreise ausschneiden und mit Buttercreme an den Enden von Stamm und Ast anbringen. Die Schneeflocken leicht anfeuchten und mit Glitter bestreuen. Den Baumstamm damit dekorieren und leicht mit Puderzucker bestäuben.

Tipp

Die Schneeflocken auf Küchenpapier legen und mit Glitter bestäuben. Überschüssiger Glitter kann so leicht in den Behälter zurückgefüllt werden. Auch perlmuttfarbenes Farbpulver, angerührt mit Rejuvenator, eignet sich zum Kolorieren.

GRUNDTECHNIKEN

Ausstecher mit Auswurf S. 101–103

Essbarer Glitter S. 153

Festlicher Früchtekuchen

Dieser einfache Früchtekuchen wird mit weicher Eiweißspritzglasur überzogen. Eine Fondant-Schleife und der mit Eiszapfen verzierte Rand lassen den Kuchen sehr elegant wirken. Das Eiweißspritzglasur-Rotkehlchen wird separat hergestellt.

 ZUBEREITUNG 4 Tage, inklusive Trocknen    **ERGIBT** 20 Stücke

Zutaten

* Früchtekuchen (20 cm Ø, s. S. 233)
* 90 g Aprikotur (s. S. 37)
* 900 g Marzipan (s. S. 36)
* 150 g Eiweißspritzglasur zum Spritzen (s. S. 35)
* Speisefarben-Paste (rot, braun, gelb, schwarz)
* 750 g Eiweißspritzglasur zum Überziehen (s. S. 34)
* Speisefarben-Pulver mit Perlmuttglanz
* Speisestärke zum Arbeiten
* 200 g gestärkter roter Fondant (s. S. 87)

Außerdem

* Puderzucker und Kokosfett zum Arbeiten
* Silikon-Ausrollstab
* Rotkehlchen-Schablone (s. S. 244)

1 Vier Tage vor dem Servieren den Früchtekuchen aprikotieren. Das Marzipan auf der mit Puderzucker bestäubten Arbeitsfläche 7,5 mm dick ausrollen. Den Kuchen damit überziehen (s. S. 37) und 2–3 Tage trocknen lassen. Die Rotkehlchen-Schablone auf Papier übertragen und dieses mit Kreppband auf einer glatten Fläche fixieren. Einen Bogen Azetatfolie darauflegen, ebenfalls mit Kreppband fixieren und leicht mit Kokosfett einstreichen.

2 Die Hälfte der Eiweißglasur zum Spritzen in eine Schüssel füllen, gut mit Frischhaltefolie abdecken und beiseitestellen. Die restliche Glasur in vier Portionen teilen und diese jeweils mit einer Speisefarbe einfärben.

3 Die gefärbten Glasuren in die Spritzbeutel mit sehr feiner Lochtülle füllen. Die einzelnen Umrisse des Rotkehlchens mit der entsprechenden Farbe (z. B. gelb für den Schnabel) auf die Azetatfolie spritzen (s. S. 140). Dabei immer durchgehende Linien ziehen. Die nicht benötigten Spritzbeutel während des Arbeitens aufrecht mit der Tülle auf einen feuchten Schwamm stellen, damit die Glasur nicht eintrocknet. Auf einer separaten Azetatfolie den Umriss für den Flügel aufspritzen. Einige Stunden trocknen lassen. Den Inhalt der Spritzbeutel wieder in die entsprechenden Schüsselchen füllen, gut mit Frischhaltefolie abdecken und beiseitestellen.

4 Sobald die Umrisslinien getrocknet sind, die gefärbten Glasuren tröpfchenweise mit Wasser verdünnen. Die feinen Tüllen in die Spritzbeutel einsetzen, jeweils eine Glasur einfüllen und in die entsprechenden Umrisse fließen lassen (s. S. 140). Die einzelnen Abschnitte je 10 Minuten antrocknen lassen, bevor mit einer anderen Farbe am nächsten Abschnitt gearbeitet wird. Den Flügel ebenfalls ausfüllen. Das Rotkehlchen einige

WEITER AUF SEITE 222 • • • •

GRUNDTECHNIKEN

Spritzglasur-Dekorationen S. 140–141

Perlen und Blüten aufspritzen S. 80

Speisefarben-Pulver S. 136

Verzierungen modellieren S. 96

* Kreppband
* Azetatfolie
* 4 kleine Spritzbeutel mit
  sehr feiner und feiner
  Lochtülle
* Tortendrehplatte
* Winkelpalette
* Tortenplatte (30 cm Ø),
  mit Eiweißspritzglasur-
  Überzug
* Rollschneider mit glattem
  Aufsatz
* 1 m weißes Satinband
  (1 cm breit)
* Klebstoff

Tage an einem trockenen, warmen Ort trocknen lassen, damit die fertige Oberfläche schön glänzt.

5 Während das Rotkehlchen trocknet, den Kuchen auf die Tortendrehplatte stellen. Mit der Winkelpalette eine dünne Schicht Eiweißspritzglasur gleichmäßig auf der Marzipandecke verstreichen (diese Glasur muss etwas fester sein als die zum Aufspritzen (s. S. 34). Zuerst den Rand bedecken. Trocknen lassen, dann eine weitere Lage auftragen. Wiederholen, bis der Rand schön glatt ist.

6 Sobald die Glasur am Rand getrocknet ist, die Oberfläche ebenso überziehen, sodass am Übergang von der Oberfläche zum Rand eine scharfe Kante entsteht. Trocknen lassen. Den Kuchen mittig auf die überzogene Tortenplatte setzen. Die beiseitegestellte ungefärbte Eiweißspritzglasur je zur Hälfte in einen Spritzbeutel mit feiner und sehr feiner Lochtülle füllen. Dann auf die Kante zwischen Oberfläche und Rand in gleichmäßigem Abstand Punkte rund um den Kuchen spritzen. Unter jeden dieser Punkte kleiner werdende Punkte als Eiszapfen senkrecht auf den Rand spritzen. Damit sie möglichst realistisch wirken, die Zapfen unterschiedlich lang ausführen. Speisefarben-Pulver mit Perlmuttglanz auf die getrockneten Eiszapfen stäuben (s. S. 136).

7 Den roten Fondant 2 mm dick ausrollen und mit dem Rollschneider ein 2 cm breites Band in der Länge des Kuchenumfangs ausschneiden. Die Rückseite des Bands anfeuchten. Das Band dann mit der Nahtstelle nach vorne um den unteren Rand des Kuchens legen und andrücken. Aus dem restlichen roten Rollfondant eine Schleife fertigen (s. S. 96). Die Rückseite anfeuchten und auf der Nahtstelle am Band befestigen.

8 Das getrocknete Glasur-Rotkehlchen mit einer kleinen Winkelpalette vorsichtig von der Azetatfolie heben. Dabei die Palette unter das Motiv schieben und vorsichtig hin- und herbewegen. Das Rotkehlchen mit etwas Eiweißspritzglasur auf der Mitte des Kuchens befestigen. Den Flügel mit etwas Glasur darauf befestigen. Etwa 1 Stunde trocknen lassen.

9 Das Satinband um den Rand der Tortenplatte legen und mit der Nahtstelle nach hinten mit Klebstoff befestigen. Auf die Nahtstelle mit Glasur einen Eiszapfen spritzen und diese so verdecken.

Tipp

Für Weihnachtskugeln Cake-Pops (5 cm Ø, s. S. 242) formen und rundum mit Konfitüre bestreichen. Jeweils mit 125 g Fondant überziehen, Reste abschneiden und die Kugeln zum Glätten in den Händen rollen. Weihnachtlich dekorieren.

FESTLICHER FRÜCHTEKUCHEN **VARIANTE**

Weihnachts-Cake-Pops

Diese süßen weihnachtlichen Cake-Pops zaubern sofort ein Lächeln auf das Gesicht Ihrer Gäste. Und sie sind recht schnell fertig. Die Fondant-Dekorationen werden mit etwas Wasser befestigt und die Stiele zuletzt mit einem schönen Band dekoriert.

 ZUBEREITUNG ½ Tag, inklusive Trocknen

ERGIBT 16 Stück

Zutaten

* 50 g braune Blütenpaste
* je 25 g gestärkter orange-farbener, brauner, weißer und schwarzer Fondant (s. S. 87)
* 16 Cake-Pops am Stiel (s. S. 242–243), ohne Glasur
* 400 g weiße Schokoladen-Glasur
* 200 g Milchschokoladen-Glasur
* 100 g gestärkter roter Fondant (s. S. 87)
* Speisefarben-Pulver (weiß und rosa)
* 50 g grüner Fondant
* Speisefarben-Stift, schwarz

Außerdem

* Silikon-Ausrollstab

1 Für die Geweihe aus brauner Blütenpaste 16 erbsengroße Kugeln rollen und daraus je 4 cm lange Stangen mit spitz zulaufenden Enden formen. Aus orangefarbenem Fondant acht pfefferkorngroße Kugeln formen und diese zu Möhren modellieren. Trocknen lassen.

2 Die Hälfte der Cake-Pops mit weißer Schokoladen-Glasur überziehen und jeweils eine Möhre in die Mitte drücken. Die restlichen Cake-Pops mit Milchschokoladen-Glasur überziehen und je zwei Geweihstangen darauf anbringen. Aufrecht trocknen lassen.

3 Die Rentiere mit braunem und rotem Fondant dekorieren, die Augen aus weißem und schwarzem Fondant modellieren.

4 Die Schneemänner mit weißem Farbpulver bestäuben. Die Wangen mit rosa Pulver färben. Hut und Stechpalme jeweils aus rotem bzw. grünem Fondant formen, die Augen aus schwarzem Fondant modellieren. Mit dem Speisefarben-Stift ein Lächeln aufmalen.

Rüschentorte

Überlappende Fondant-Rüschen in nach oben hin heller werdenden Blautönen lassen diese Torte besonders elegant wirken. Den krönenden Abschluss bildet eine Fondant-Rose. Serviert wird die Torte auf einer am Vortag mit gestärktem Fondant überzogenen Tortenplatte.

 ZUBEREITUNG 1 ½ Tage inklusive Trocknen

 **ERGIBT** 20 dünne Stücke

Zutaten

* 2 Vanillekuchen (à 15 cm Ø, s. S. 228 und 248), mit Buttercreme gefüllt und zusammengesetzt
* 500 g weißer Fondant, verknetet mit 250 g weißer Blütenpaste
* 1 Tube blaue Speisefarben-Paste
* 200 g Buttercreme (s. S. 24–25)
* essbarer Klebstoff

Außerdem

* Tortenplatte (23 cm Ø) mit Fondant-Überzug (s. S. 51)
* Silikon-Ausrollstab
* Speisestärke zum Arbeiten
* Rollschneider
* kleiner Ausrollstab
* 3 Deko-Staubgefäße
* 1 m blaues Satinband (1 cm breit)
* Klebstoff

1 Einen Tag vor dem Servieren die Torte auf die überzogene Tortenplatte stellen. Die Fondant-Masse in fünf Portionen teilen. Mit einem Zahnstocher zu einer Portion 1 Tropfen Speisefarben-Paste geben und unterkneten. Ebenso unter die zweite Portion 2–3 Tropfen, unter die dritte 4–5 Tropfen, unter die vierte 7–8 Tropfen und unter die letzte ½ TL kneten. So jede Portion etwas intensiver einfärben. Die gefärbten Massen danach getrennt in Frischhaltefolie wickeln.

2 Die dunkelste Fondant-Masse mit dem Ausrollstab auf der mit Stärke bestäubten Arbeitsfläche 2 mm dick ausrollen. Mit dem Rollschneider ein 2,5 cm breites Band ausschneiden. Eine Seite des Bands mit dem kleinen Ausrollstab kräuseln. Die glatte Seite mit Wasser anfeuchten und das Band mit etwas Buttercreme am unteren Rand der Torte anbringen. Wiederholen, bis die Torte unten am Rand von einer dunkelblauen Rüsche umgeben ist.

3 Knapp darüber eine zweite Reihe dunkler Rüschen anbringen. Auf diese Weise nach oben hin fortfahren, bis der dunkelblaue Fondant aufgebraucht ist. Dabei darauf achten, dass die Farbe mit einer kompletten Reihe abschließt. Diesen Vorgang mit dem jeweils einen Ton helleren Fondant wiederholen. Zuletzt aus dem hellsten Blau zwei Rüschenreihen um den oberen Tortenrand legen und die Oberfläche mit Rüschenkreisen bedecken. Die Torte 1 Tag ruhen lassen.

4 Für die Blüte die Reste der Fondant-Massen zu einem gleichmäßigen Blau verkneten. Dann 2 mm dick ausrollen, einen Streifen (4 x 30 cm) ausschneiden und zu einer Blüte (10 cm Umfang) zusammenraffen. Unten zusammendrücken und überstehenden Fondant entfernen. Die Staubgefäße in die Blütenmitte drücken. Die Blüte über Nacht trocknen lassen. Danach mit essbarem Klebstoff auf der Torte befestigen. Zuletzt das Satinband um den Rand der Tortenplatte kleben.

GRUNDTECHNIKEN

Rollschneider
verwenden S. 118

Verzierungen
modellieren S. 96-97

GRUNDREZEPTE

Köstliche Kuchen zu backen, ist gar nicht schwer. Von leichtem Rührkuchen über die üppige Madeira-Torte bis hin zu Törtchen, Cupcakes und Cake-Pops – in diesem Kapitel erfahren Sie, wie man diese Klassiker zubereitet. So backen Sie den perfekten Kuchen zum Dekorieren.

Klassischer Vanillekuchen

Dieser Kuchen ist eine feine Grundlage für viele Torten. Das Grundrezept können Sie nach Wunsch noch aromatisieren, einige Vorschläge finden Sie gleich auf Seite 229. Dünne Kuchen-böden backen Sie in größeren Formen, dickere in kleineren Formen.

 ZUBEREITUNG 20 Min.　　 **BACKEN** 25–30 Min.　　 **ERGIBT** 10 Stücke

Zutaten

* 200 g weiche Butter
* 200 g Zucker
* 1 Päckchen Vanillezucker
* 4 Eier
* 200 g Mehl
* 2 TL Backpulver

Außerdem

* 2 Springformen
  (à 20 cm ⌀), gefettet und
  mit Backpapier ausgelegt
  (s. S. 236)

Variante

Mit zusätzlichen Zutaten ver-wandeln Sie einfache Rührkuchen in besondere Geschmackserlebnisse. Mohnsamen z. B. passen hervorra-gend in Zitronenkuchen. Obst- oder Nuss-Extrakte geben zartes Aroma.

1 Den Backofen auf 180 °C vorheizen. Butter, Zucker und Vanillezucker in etwa 2 Minuten schaumig schlagen.

2 Die Eier einzeln unterrühren. Alles noch 2 Minuten weiter-schlagen, bis sich kleine Bläschen an der Oberfläche bilden.

3 Mehl und Backpulver mi-schen und auf die Eiermasse sieben. Vorsichtig mit einem Löffel unterheben.

Backen

Die Masse gleichmäßig in den Formen verteilen und mit einer Palette glatt streichen. Im Back-ofen 25–30 Minuten backen, dann die Garprobe machen (s. S. 238).

Zuletzt

Die Kuchen kurz in den Formen ruhen lassen. Dann auf ein Kuchengitter stürzen und abküh-len lassen. Nach Wunsch füllen.

Kaffeekuchen

Für Kaffeekuchen rühren Sie kräftigen Kaffee unter den Grundteig. Wer möchte, kann auch noch ein paar gehackte Walnusskerne unterheben.

Zutaten

* 1 EL Instant-Kaffeepulver
* 1 Rezept Klassischer Vanillekuchen (s. S. 228)
* 50 g Walnusskerne, gehackt (nach Wunsch)
* Kaffee-Buttercreme (s. S. 25)

1 Das Instant-Kaffeepulver in 1 EL kochendem Wasser auflösen. Dann abkühlen lassen.

2 Die Vanillekuchen-Masse wie links beschrieben zubereiten. Zuletzt den abgekühlten Kaffee unterrühren und nach Wunsch die Walnusskerne unterheben.

3 Den Kuchen wie links beschrieben backen und abkühlen lassen. Danach mit Kaffee-Buttercreme füllen und überziehen.

Walnusskerne *sind sehr aromatisch – und auch eine hübsche Deko.*

Zitronenkuchen

Diese fruchtige Variante des klassischen Vanillekuchens schmeckt besonders im Sommer. Die feine Säure der Zitrone gleicht die Süße des Kuchens wunderbar aus.

Zutaten

* 1 Rezept Klassischer Vanillekuchen (s. S. 228), ohne Vanillezucker
* abgeriebene Schale und Saft von 1 Bio-Zitrone
* Lemon Curd und Zitronen-Buttercreme (s. S. 25, nach Wunsch)

1 Die Masse wie links beschrieben, jedoch ohne Vanillezucker, zubereiten. Dabei am Ende von Schritt 2 Zitronenschale und -saft zufügen. Für einen besonders intensiven Zitronengeschmack die Schale von 2 Zitronen zugeben (aber keinen zusätzlichen Zitronensaft).

2 Den Kuchen wie links beschrieben backen und abkühlen lassen. Nach Wunsch mit Lemon Curd füllen und mit Zitronen-Buttercreme überziehen.

Zitronen *sorgen für einen frischen Kontrast zu süßer Füllung und Überzug.*

Carrot Cake

Diese reichhaltige und saftige Variante des Möhrenkuchens eignet sich besonders gut für mehrstöckige Torten. Der Kuchen schmeckt am besten mit einer Füllung oder einem Überzug aus Frischkäse-Buttercreme.

 ZUBEREITUNG 20 Min.   **BACKEN** 45 Min.    **ERGIBT** 10 Stücke

Zutaten

* 100 g Walnusskerne
* 225 ml Sonnenblumenöl
* 3 Eier (Größe L)
* 225 g brauner Zucker
* 1 Päckchen Vanillezucker
* 200 g Möhren, geraspelt und ausgedrückt
* 100 g Sultaninen
* 200 g Mehl
* 50 g Vollkornweizenmehl
* 2 TL Backpulver
* 1 Prise Salz
* 1 TL gemahlener Zimt
* 1 TL gemahlener Ingwer
* ¼ TL frisch geriebene Muskatnuss
* abgeriebene Schale von 1 Bio-Orange
* Frischkäse-Buttercreme (s. S. 25, nach Wunsch)

Außerdem

* Springform (22 cm Ø), gefettet und mit Backpapier ausgelegt (s. S. 236)

1 Den Backofen auf 180 °C vorheizen. Walnüsse 5 Minuten darin rösten. Dann die Häutchen mit einem Küchentuch abreiben.

3 Nüsse und Sultaninen unterheben. Beide Mehlsorten, Backpulver, Gewürze und Orangenschale unterrühren.

2 Öl, Eier, Zucker und Vanillezucker hell und dickschaumig aufschlagen. Die Möhren untermischen. Die Nüsse hacken.

Backen

Die Masse in die Form füllen und mit einer Palette glätten. Im Ofen 45 Minuten backen, dann die Garprobe machen (s. S. 238).

Zuletzt

Kuchen 10 Minuten ruhen lassen. Aus der Form lösen und auf einem Kuchengitter abkühlen lassen. Nach Wunsch mit Frischkäse-Buttercreme füllen oder überziehen.

Madeira-Torte

Für die üppige Madeira-Torte brauchen Sie nur wenige Zutaten. Sie schmeckt fein nach Butter und Zitrone und ist ideal für Motivtorten. Denn dank ihrer dichten Krume lässt sie sich besonders gut zuschneiden (s. S. 65).

 ZUBEREITUNG 20 Min.

 BACKEN 50-60 Min.

 **ERGIBT** 10 Stücke

Zutaten

* 175 g weiche Butter
* 175 g Zucker
* 3 Eier
* 225 g Mehl
* 2 gestrichene TL Backpulver
* abgeriebene Schale von 1 Bio-Zitrone

Außerdem

* Spring- oder Kastenform (18 cm Ø oder 25 cm lang), mit Backpapier ausgelegt (s. S. 236)

Tipp

Statt mit Zitronenschale können Sie die Torte auch mit 1 Päckchen Vanillezucker oder einem anderen Aromageber verfeinern. Verwenden Sie jedoch nur hochwertige Produkte, sonst ist der feine Geschmack der Torte schnell ruiniert.

1 Den Backofen auf 180 °C vorheizen. Butter und Zucker schaumig schlagen. Die Eier einzeln unterrühren.

2 Die Masse noch 2 Minuten weiterschlagen, bis sich Bläschen bilden. Mehl, Backpulver und Zitronenschale unterheben.

3 Die Masse in die Form füllen und mit einer Palette glatt streichen. Im Backofen 50–60 Minuten backen. Zur Garprobe mit einem Holzstäbchen in die Mitte stechen (s. S. 238). Den Kuchen 10 Minuten in der Form ruhen lassen. Dann auf ein Kuchengitter stürzen und abkühlen lassen.

Schokoladenkuchen

Schokoladenkuchen kommt immer gut an. Diese Variante mit Joghurt ist besonders saftig.
Wer es gerne üppiger mag, bäckt den Kuchen mit 75 g Kakaopulver und tauscht den Joghurt
gegen Crème fraîche.

 ZUBEREITUNG 30 Min.   **BACKEN** 20–25 Min.    **ERGIBT** 10 Stücke

Zutaten

* 175 g weiche Butter
* 175 g feiner brauner
  Zucker
* 3 Eier (Größe L)
* 125 g Mehl
* 50 g Kakaopulver
* 2 TL Backpulver
* 2 EL griechischer Joghurt
  (10 % Fett)
* Schokoladen-Buttercreme
  (s. S. 25)

Außerdem

* 2 Springformen
  (à 18 cm Ø), gefettet und
  mit Backpapier ausgelegt
  (s. S. 236)

1 Den Backofen auf 180 °C vorheizen. Butter und Zucker schaumig schlagen.

2 Die Eier einzeln unterrühren. Mehl, Kakao und Backpulver in eine Schüssel sieben.

3 Die Mehlmischung gleichmäßig unterheben, bis eine lockere Masse entsteht. Den Joghurt behutsam unterziehen.

Backen

Die Masse gleichmäßig in den Formen verteilen und mit einer Palette glätten. Im Backofen 20–25 Minuten backen, dann die Garprobe machen (s. S. 238).

Zuletzt

Die Kuchen 5 Minuten in der Form ruhen lassen. Dann auf ein Kuchengitter stürzen und abkühlen lassen. Mit Buttercreme füllen.

Früchtekuchen

Der reichhaltige, feste Kuchen ist die ideale Grundlage für mehrstöckige Hochzeitstorten. Die Trockenfrüchte müssen vor dem Backen über Nacht eingeweicht werden. Achten Sie darauf, dass der Kuchen durchgebacken ist. Am besten mit Marzipan überziehen.

 ZUBEREITUNG 25 Min.   **BACKEN** 2½ Std.    **ERGIBT** 16 Stücke

Zutaten

* 200 g Sultaninen
* 200 g Rosinen
* 350 g Trockenpflaumen, gehackt
* 350 g Cocktailkirschen
* 2 kleine süße Äpfel, geschält, entkernt und gewürfelt
* 600 ml Apfelwein oder süßer Cidre
* 4 TL Lebkuchengewürz
* 200 g weiche Butter
* 175 g Vollrohrzucker
* 3 Eier, leicht verquirlt
* 150 g gemahlene Mandeln
* 275 g Mehl
* 2 TL Backpulver
* 1 EL Weinbrand oder Whiskey (nach Wunsch)

Außerdem

* Springform (26 cm Ø), gefettet und mit Backpapier ausgelegt (s. S. 236)

1 Trockenfrüchte, Äpfel, Apfelwein und Lebkuchengewürz 20 Minuten köcheln lassen. Dann über Nacht ziehen lassen.

2 Den Backofen auf 160 °C vorheizen. Butter und Zucker schaumig schlagen. Die Eier unterrühren.

3 Mandeln und Früchtemischung vorsichtig unterheben. Mehl und Backpulver daraufsieben und unterziehen.

Backen

Die Masse in die Form füllen, mit Alufolie abdecken und 2 Stunden backen. Folie entfernen und den Kuchen 30 Minuten weiterbacken.

Zuletzt

Den Kuchen 10 Minuten in der Form ruhen lassen, dann auf ein Kuchengitter stürzen und abkühlen lassen. Nach Wunsch mit Weinbrand beträufeln.

Red Velvet Cake

Dieser tiefrote, typisch amerikanische Kuchen wird traditionell mit Frischkäse-Buttercreme überzogen. Bei unserem Rezept sorgen gekochte Rote Beten für die Farbe. Für ein besonders kräftiges Rot mischen Sie zusätzlich 1 TL rote Speisefarben-Paste unter.

 ZUBEREITUNG
1 Std.

 BACKEN
35 Min.

 **ERGIBT** 10 Stück

Zutaten

* 500 g Rote Bete
  (3–4 mittelgroße Knollen)
* 300 g Mehl
* 50 g Kakaopulver
* 2 TL Natron
* ½ TL Salz
* 175 g weiche Butter
* 275 g Vollrohrzucker
* 190 g Zucker
* 2 Päckchen Vanillezucker
* 3 Eier (Größe L),
  zimmerwarm
* 100 g Zartbitterschoko-
  lade, geschmolzen und
  leicht abgekühlt
* 150 ml Buttermilch, mit
  2 TL Apfelessig verrührt
* Frischkäse-Buttercreme
  (s. S. 25, nach Wunsch)

Außerdem

* 2 Springformen
  (à 20 cm Ø), gefettet und
  mit Backpapier ausgelegt
  (s. S. 236)

1 Rote Bete mit Wasser bedeckt in 30–40 Minuten gar kochen. Abkühlen lassen und schälen. Den Backofen auf 180 °C vorheizen.

2 Die Rote Bete pürieren, bei Bedarf etwas Wasser zugeben. Mehl, Kakao, Natron und Salz in eine Schüssel sieben.

3 In einer zweiten Schüssel Butter, die drei Zuckersorten und Eier schaumig schlagen. Die Schokolade einrühren.

Backen

Mehlmischung und Buttermilch abwechselnd in Portionen unter die Eiermasse heben. Dann 250 g Rote-Bete-Püree unterziehen. Die Masse gleichmäßig in den Formen verteilen. Im Backofen etwa 35 Minuten backen, dann die Garprobe machen (s. S. 238). Leicht abgekühlt aus den Formen lösen und auf einem Kuchengitter abkühlen lassen. Die Kuchen nach Wunsch waagerecht halbieren und mit Frischkäse-Buttercreme füllen.

Lebkuchen

Der kompakte Lebkuchen ist ideal für den Aufbau von Häusern. Lassen Sie den gebackenen Lebkuchen vor dem Zusammensetzen mindestens 1 Woche ruhen, damit er stabiler wird. Die Teile dann mit Eiweißspritzglasur oder Karamell zusammenfügen.

 ZUBEREITUNG 30 Min.   **BACKEN** 15 Min.  **ERGIBT** 800 g

Zutaten

* 175 ml Golden Syrup (heller Zuckerrohrsirup)
* 115 g Butter
* 115 g Rohrohrzucker
* 600 g Mehl, gesiebt, plus mehr zum Arbeiten
* 1 TL gemahlener Zimt
* 4 TL gemahlener Ingwer
* 4 TL Natron, in 4 TL kaltem Wasser aufgelöst
* 2 Eigelb

Tipp

Für den Karamell 250 g Zucker in einem Topf bei mittlerer Hitze hellbraun karamellisieren lassen. Dabei nicht anbrennen lassen. Den Karamell zum Zusammensetzen auf den Rand der Lebkuchenteile streichen. Vorsicht: Er ist sehr heiß!

1 Sirup, Butter und Zucker zusammen schmelzen. Mehl, Zimt und Ingwer in eine Schüssel sieben. Eine Mulde in die Mitte drücken.

2 Natron, Eigelbe und Sirupmischung in die Mulde geben. Alles vermischen und zu einem elastischen Teig verkneten.

3 Den warmen Teig auf der bemehlten Arbeitsfläche 5 mm dick ausrollen. Den Backofen auf 180 °C vorheizen.

Formen

Die Schablone auf die Teigplatte legen und die Teile mit dem Messer ausschneiden (s. S. 57).

Backen

Die Teile vorsichtig auf ein mit Backpapier belegtes Blech legen. Im Ofen 10–13 Minuten backen, bis der Teig am Rand bräunt und etwas fester wird. Herausnehmen, auf dem Blech abkühlen lassen.

Backformen vorbereiten

Wenn er an der Backform kleben bleibt, ist selbst ein perfekt gebackener Kuchen ruiniert. Deshalb müssen Sie die Formen unbedingt richtig vorbereiten. Das garantiert, dass sich der Kuchen problemlos daraus löst und die Formen sich leicht reinigen lassen.

Fetten

Fast alle Backformen, auch solche mit Antihaftbeschichtung, müssen mit Butter, Margarine oder Öl gefettet werden. Zum Verteilen benutzt man einen Backpinsel. Silikon-Backpinsel sind hygienischer und pflegeleichter als Pinsel mit Nylon- oder echten Borsten. Formen mit vielen Ecken und Kanten müssen besonders sorgfältig gefettet werden.

Bemehlen

Backformen ohne Antihaftbeschichtung müssen nach dem Fetten mit Mehl bestäubt werden. Dafür 1 EL Mehl auf den Boden der Form geben und diese über der Spüle hin- und herschwenken, bis das Mehl gleichmäßig darin verteilt ist. Danach die Form umdrehen, gegen den Boden klopfen und so überschüssiges Mehl entfernen.

Auslegen

Backpapier verhindert, dass Kuchen mit längeren Backzeiten anbrennen.

1 Damit das Backpapier richtig anliegt und beim Einfüllen der Masse nicht verrutscht, die Backform zuerst fetten.

2 Einen Streifen Backpapier ausschneiden (etwas länger als der Umfang der Form und etwas breiter als ihre Höhe).

3 Eine Längsseite etwa 2,5 cm breit umfalten. Wieder auffalten und in gleichmäßigen Abständen bis zum Falz einschneiden.

4 Den Streifen in die Form legen. Mit der Form als Schablone aus Backpapier einen Kreis schneiden. Auf den Boden legen.

Motivbackformen

Motivbackformen gibt es in vielen verschiedenen Ausführungen, von einfachen Kugeln über Mini-Hochzeitstorten, Bienenstöcke, riesige Cupcakes und Autos bis zu Sandschlössern. Eine prima Alternative für alle, die ihre Torten nicht selbst zuschneiden möchten (s. S. 65).

Kugelformen

Für leichte Rührmassen die Formen fetten und mit Mehl bestäuben. Auf ein Backblech stellen und bei Bedarf mit zerknüllter Alufolie stützen. Die Masse bis knapp unter den Rand einfüllen, die Oberfläche glatt streichen. Die Kuchen nach Herstellerangabe auf der Form backen, dann 10 Minuten in den Formen ruhen lassen. Unebene Stellen abschneiden und die Kuchenhälften zum Abkühlen auf ein Kuchengitter stürzen. Mit Buttercreme verbinden (s. S. 28).
Für feste Rührmassen die Formen wie beschrieben vorbereiten. Nur eine Form bis zur Hälfte mit Masse füllen und diese zu einer Kugel formen (etwas höher als der Rand). Mit der zweiten Form abdecken und wie beschrieben backen. Den Kuchen zum Abkühlen auf ein Kuchengitter stürzen.

Motivbackformen

1 Die Form gut fetten und mit Mehl bestäuben. Zu drei Vierteln mit Masse füllen. Kräftig auf die Arbeitsfläche klopfen, damit Luftbläschen aus der Masse entweichen.

2 Den Kuchen nach Herstellerangabe auf der Form backen. Die Form dafür am besten auf ein Backblech stellen. So kann sie leicht aus dem Ofen genommen werden und eventuell überquellende Masse wird aufgefangen. Den Kuchen etwa 10 Minuten in der Form ruhen lassen, dann mit einem spitzen Messer vom Formrand lösen.

3 Die Oberfläche bei Bedarf glätten (s. S. 239). Den Kuchen dann vorsichtig auf ein Kuchengitter stürzen und die Form nach oben abheben.

Kuchen backen

Kuchen müssen bei der richtigen Temperatur und der korrekten Zeit gebacken werden. Nur so bekommen sie eine schöne Konsistenz und gehen optimal auf. Nach dem Backen müssen Sie vollständig abkühlen. Erst dann kann man sie füllen, überziehen und dekorieren.

Backen

Den Ofen 20 Minuten vor dem Backen vorheizen. In Umluftöfen werden Kuchen bei niedrigerer Temperatur gebacken als in Öfen mit Ober-/Unterhitze. Reduzieren Sie die Temperatur um 20 °C, außer wenn im Rezept bereits die Umluft-Temperatur angegeben ist. Die gefüllte Form vor dem Backen mehrmals auf die Arbeitsfläche klopfen, damit Luftbläschen entweichen. Während des Backens die Ofentür nicht öffnen, da der Kuchen sonst einfällt. Heizt der Ofen nicht gleichmäßig, muss der Kuchen nach drei Vierteln der Backzeit gedreht werden. Befolgen Sie unbedingt die im Rezept angegebenen Backzeiten!

Garprobe

Um zu testen, ob der Kuchen fertig gebacken ist, drücken Sie mit den Fingerspitzen sanft auf die Mitte des Kuchens. Federt die Oberfläche leicht zurück, ist er fertig. Zur Garprobe stechen Sie mit einem Holzstäbchen in die Kuchenmitte. Haften beim Herausziehen keine Teigreste mehr daran, ist der Kuchen durchgebacken. In Motivformen dauert es in der Regel länger, bis Kuchen durchgebacken sind. Beachten Sie daher die auf der Verpackung Ihrer Form angegebene Backzeit.

Abkühlen

Lassen Sie Ihren Kuchen nach dem Backen noch etwa 10 Minuten in der Form ruhen (größere, höhere Kuchen etwas länger). So ist er beim Lösen stabiler. Danach auf ein Kuchengitter stürzen und vollständig abkühlen lassen. Dann erst überziehen und servieren, sonst krümelt der Kuchen oder zerbricht sogar. Wenn Sie es eilig haben, können Sie Ihren Kuchen nach dem Ruhen und Lösen aus der Form auch im Kühl- oder Gefrierschrank herunterkühlen.

Oberfläche glätten

Weist die Oberfläche eines Kuchens nur wenige Unregelmäßigkeiten auf, schneidet man sie 10 Minuten nach dem Backen einfach mit einem Messer ab. Ist die Kuchenoberfläche aber vollkommen schief, gleicht man sie nach dem vollständigen Abkühlen aus.

Auf der Tortendrehplatte

Den Kuchen auf einer Tortenunterlage auf die Tortendrehplatte stellen. Wird er später nicht auf dieser Unterlage serviert, bestäuben Sie diese mit Puderzucker, damit der Kuchenboden nicht daran haftet. Jetzt legen Sie mit einem Lineal fest, wo die Oberfläche abgeschnitten werden soll und markieren die entsprechende Stelle mit einem Zahnstocher. Die Oberfläche dann mit einem Messer mit Wellenschliff mit Sägebewegungen begradigen. Wird der Kuchenboden vorher tiefgekühlt, lösen sich kaum Brösel ab.

Mit dem Tortenschneider

Den Kuchen auf einer Tortenunterlage auf eine stabile, ebene Arbeitsfläche stellen und das Sägeblatt des Tortenschneiders auf die gewünschte Höhe einstellen. Die Torte rundum mit Sägebewegungen einschneiden. Sobald die Kruste auf diese Weise durchtrennt ist, den Tortenschneider von einer zur anderen Seite ziehen. Wenn Sie den Kuchen beim Schneiden nicht gut halten können, stellen Sie ihn auf eine hohe Unterlage, die den gleichen Durchmesser hat wie die Kuchenform. Dann stellen Sie den Kuchen darauf zurück in die Springform. Der obere Rand der Backform dient so beim Schneiden als Orientierung und Stütze.

Cupcakes backen

Cupcakes sind sehr trendy. Wenn Sie bei der Zubereitung die Reihenfolge beachten, gelingen sie perfekt. Heizen Sie zuerst den Backofen vor und bereiten Sie auch die Backform vor. Erst jetzt rühren Sie die Masse, sonst setzt die Wirkung des Backpulvers zu früh ein.

Papierförmchen verwenden

Papierförmchen für Cupcakes sehen hübsch aus und sorgen dafür, dass die Cupcakes länger frisch und saftig bleiben. Wollen Sie die Cupcakes ohne Förmchen backen, muss das Cupcake- oder Muffinblech gefettet und mit Mehl bestäubt oder mit Fettspray besprüht werden. Cupcake-Förmchen aus Silikon stellen Sie nur auf ein Backblech. Aber auch diese Förmchen müssen Sie fetten und mit Mehl bestäuben, damit die Cupcakes nicht darin haften bleiben.

Füllen

Die Cupcake-Förmchen zu zwei Dritteln mit Masse befüllen. Geben Sie nicht zu viel Masse hinein, damit beim Backen nichts überläuft. Pro Cupcake (Standardgröße) benötigen Sie in der Regel 75 g Masse. Für Mini-Cupcakes reicht schon 1 gehäufter EL. Besondere Effekte erzielen Sie, wenn Sie mehrere, unterschiedlich gefärbte Massen mit einem Spritzbeutel in die Förmchen füllen. Für eine Überraschungs-Füllung stecken Sie vor dem Backen Süßigkeiten, Kekse oder Mini-Brownies in die Mitte der Masse.

Backen

Cupcakes (Standardgröße) werden 18–20 Minuten gebacken, Mini-Cupcakes 8–10 Minuten. Zur Garprobe stechen Sie mit einem Holzstäbchen in die Mitte eines Küchleins. Haften beim Herausziehen keine Teigreste mehr daran, sind die Cupcakes fertig. Backen Sie mehrere Bleche gleichzeitig, verlängert sich die Backzeit um einige Minuten. Zudem müssen Sie die Bleche nach der Hälfte der Zeit umstellen. Die Cupcakes mindestens 10 Minuten im Blech ruhen lassen, dann auf einem Kuchengitter abkühlen lassen.

Mini-Torten backen

Miniatur-Törtchen werden wie Cupcakes gebacken, jedoch nicht in Blechen, sondern in speziellen runden oder quadratischen Förmchen. Diese müssen Sie vor dem Backen sorgfältig einfetten und mit Mehl bestäuben.

 ZUBEREITUNG 20 Min.

 BACKEN 15 Min.

 **ERGIBT** 16 Stück

Zutaten

* 1 Rezept Madeira-Torten-masse (s. S. 231)

Außerdem

* 16 runde Backförmchen (à 5 cm Ø)

1 Den Backofen auf 190 °C vorheizen. Die Madeira-Masse gleichmäßig in die Förmchen füllen, sodass diese jeweils zu etwa zwei Dritteln befüllt sind.

2 Die Mini-Torten je nach Größe 15–25 Minuten backen. Dabei die Backzeitangabe des Herstellers auf der Verpackung beachten.

3 Wenn die Torten fertig gebacken aussehen, regelmäßig alle 2 Minuten mit einem Holzstäbchen prüfen, ob sie durchgebacken sind (Garprobe, s. S. 238). Kurz in den Formen ruhen lassen, dann herauslösen und auf einem Kuchengitter abkühlen lassen.

Tipp
Fertig gerührte Cupcake-Masse nicht stehen lassen, sondern sofort backen, damit keine Luft daraus entweicht. Sonst gehen die Cupcakes nicht richtig auf. Als Deko gibt es zahlreiche Möglichkeiten (s. S. 32–33).

Die Masse gleichmäßig in die Formen füllen. Die Oberfläche der Mini-Torten nach dem Abkühlen bei Bedarf gerade schneiden.

Cake-Pops formen

Cake-Pops sind die Trendsetter in der Welt des Backens (s. S. 223). Als Deko-Elemente machen sie sich auch gut auf Torten. Bei einer Zubereitungsart formt man die leckeren, kleinen Kugeln aus Kuchenresten.

 ZUBEREITUNG 4 Std.   **ERGIBT** 20–25 Stück

Zutaten

* 300 g Schokoladenkuchen, zerbröselt
* 150 g Schokoladen-Buttercreme (s. S. 25)
* 250 g Zartbitter-Kuchenglasur oder Candy Melts (spezielle Kuchenglasur)
* 50 g weiße Schokolade
* Zuckerstreusel oder Nüsse zum Dekorieren

Außerdem

* 25 Cake-Pop-Stiele
* Steckschaum oder Styropor

1 Die Kuchenbrösel mit der Buttercreme in einer großen Schüssel zu einer glatten Masse vermischen.

2 Aus der Bröselmasse mit den Händen gleichmäßige, walnussgroße Kugeln formen.

3 Die Kugeln mit etwas Abstand auf einen Teller legen. 3 Stunden kühl stellen oder 30 Minuten tiefkühlen.

Überziehen

Etwas Kuchenglasur schmelzen. 1 Cake-Pop-Stiel 1 cm tief in die Glasur tauchen und in eine Kugel stecken. Dann aufrecht stehend im Steckschaum 30 Minuten trocknen lassen. Mit den anderen Kugeln wiederholen. Die restliche Glasur und die weiße Schokolade getrennt schmelzen. Die Cake-Pops einzeln eintauchen und durch Drehen damit überziehen. Abtropfen lassen und nach Wunsch dekorieren.

Cake-Pops backen

Bei der zweiten Zubereitungsart bäckt man die kleinen Kuchenkugeln in speziellen Backformen. Nach dem Abkühlen werden sie überzogen und dekoriert. Damit die Kugeln gut auf den Stielen halten, müssen sie aus einer schweren Masse (z.B. für Madeira-Torte) gebacken werden.

 ZUBEREITUNG 20 Min.

 **BACKEN** 15–18 Min.

 **ERGIBT** 12 Stück

Zutaten

* ½ Rezept Madeira-Torten-masse (s. S.231)
* geschmolzene Schokolade

Außerdem

* Cake-Pop-Backform mit 12 Mulden

1 Den Backofen auf 180 °C vorheizen. Die Mulden in beiden Hälften der Backform fetten und mit Mehl bestäuben. Die Madeira-Masse bis knapp über den Rand in die Mulden der unteren Hälfte (ohne Löcher) füllen. Dabei unbedingt die Herstellerangaben beachten, da es je nach verwendeter Cake-Pop-Backform Abweichungen bei der Teigmenge gibt.

2 Die Form mit der oberen Hälfte verschließen. Im Ofen 15–18 Minuten backen. Jetzt alle 2 Minuten eine Garprobe machen (s. S. 238), bis die Cake-Pops durchgebacken sind. 10 Minuten in der Form abkühlen lassen, dann auf ein Kuchengitter stürzen und vollständig auskühlen lassen.

3 Die Kugeln vor dem Dekorieren kühlen, damit sie ihre Form halten. Die Cake-Pop-Stiele einzeln in geschmolzene Schokolade tauchen und in die Cake-Pops stecken. Aufrecht stehend 20–30 Minuten kühlen. Dann wie links beschrieben überziehen und dekorieren.

Tipp
Damit die Schokolade beim Überziehen flüssig bleibt, den Topf auf ein Tee-Stövchen stellen. Verwenden Sie zum Schmelzen hohe, schmale Töpfe. Sie erleichtern das Überziehen und es tropft weniger daneben.

Die Cake-Pops *in der Form abkühlen lassen.*

Schablonen

Mit Schablonen lassen sich die Umrisse für dreidimensionale Torten und Dekorationen akkurat übertragen. Sie können nach Bedarf vergrößert oder verkleinert werden. Die folgenden Schablonen für unsere Projekte vergrößern Sie mit dem angegebenen Prozentsatz.

Rotkehlchen

Mithilfe dieser beiden Schablonen wird das Rotkehlchen aus Eiweißspritzglasur für die Dekoration des festlichen Früchtekuchens gespritzt (s. S. 220–21).

Rotkehlchen-Körper, auf 200 % einscannen.

Rotkehlchen-Flügel, auf 200 % einscannen.

Tipp

Mit dem Kopierer oder Scanner die Schablonen entsprechend vergrößern und ausdrucken. Dann einfach ausschneiden. Alternativ können sie per Hand abgepaust und vergrößert werden. Backpapier klebt nicht an Modelliermassen.

Herz

Diese Schablone wird für die Dekoration der Tauftorte (s. S. 192–93) benötigt.

Auf 200 % einscannen.

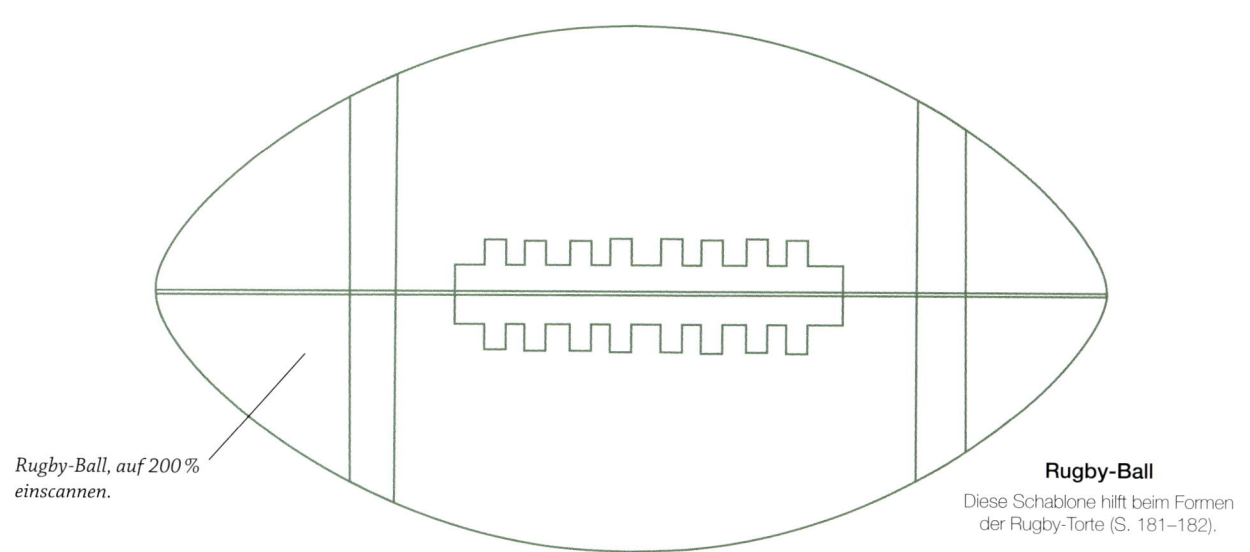

Rugby-Ball, auf 200 % einscannen.

Rugby-Ball
Diese Schablone hilft beim Formen der Rugby-Torte (S. 181–182).

Wellenrand
Diese Schablone wird nach dem Einscannen und Vergrößern mehrmals ausgedruckt. Die einzelnen Ausdrucke dann aneinanderkleben und so für jede Lage der dreistöckigen Hochzeitstorte (S. 214–216) eine umlaufende Schablone anfertigen.

Auf 200 % einscannen und mehrmals ausdrucken.

Parksilhouette Prinzessinnenschloss
Einscannen, ausdrucken, ausschneiden und die Felder für den Schlosspark nach dieser Schablone formen (S. 170–175).

Auf 400 % einscannen.

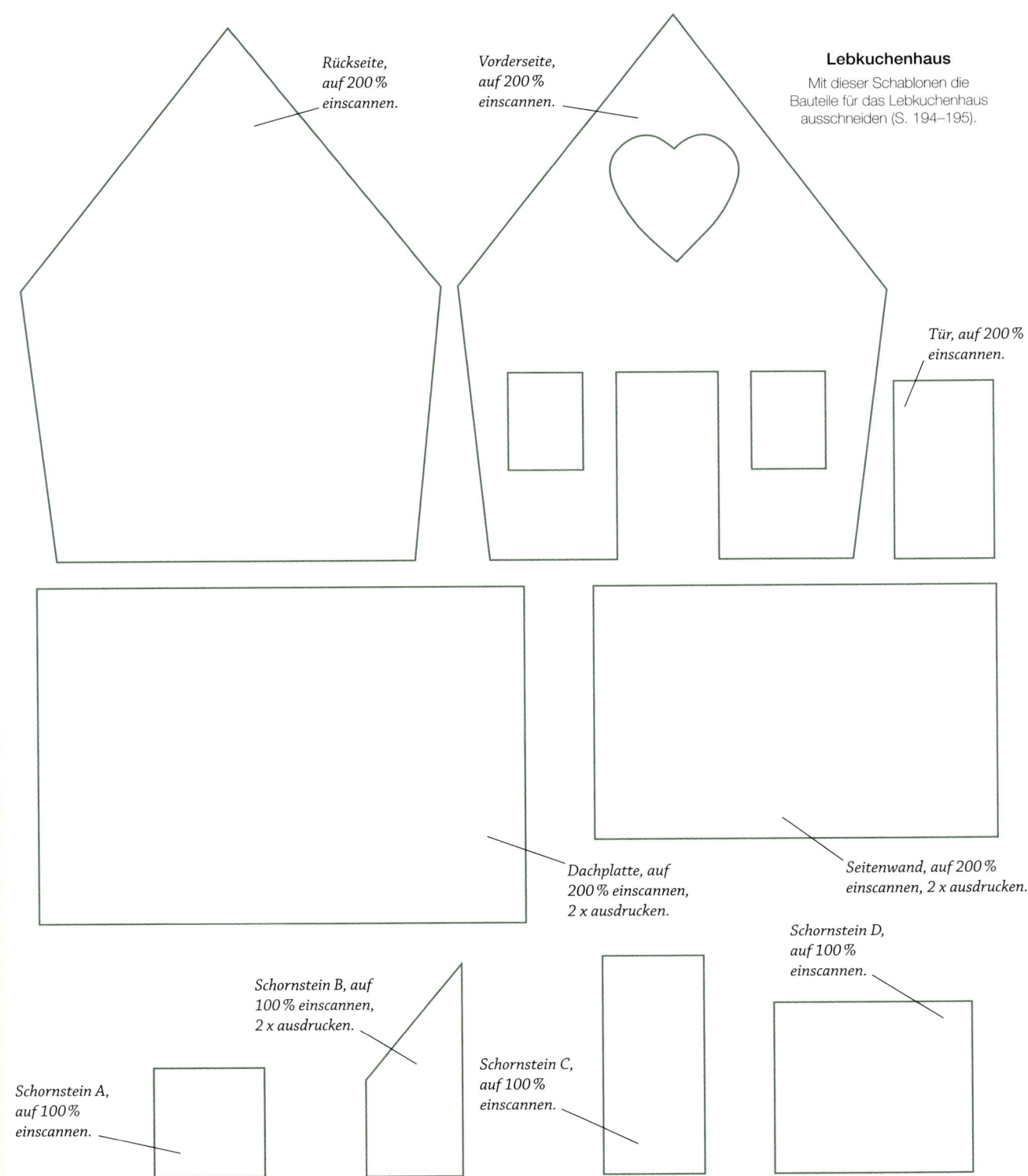

Rückseite,
auf 200 %
einscannen.

Vorderseite,
auf 200 %
einscannen.

Lebkuchenhaus

Mit dieser Schablonen die
Bauteile für das Lebkuchenhaus
ausschneiden (S. 194–195).

Tür, auf 200 %
einscannen.

Dachplatte, auf
200 % einscannen,
2 x ausdrucken.

Seitenwand, auf 200 %
einscannen, 2 x ausdrucken.

Schornstein D,
auf 100 %
einscannen.

Schornstein B, auf
100 % einscannen,
2 x ausdrucken.

Schornstein C,
auf 100 %
einscannen.

Schornstein A,
auf 100 %
einscannen.

Mitwirkende

Karen Sullivan ist Autorin und Herausgeberin. Ihre kreativen Torten vertreibt sie in ihrem Geschäft in London. Backen lernte sie bereits als junges Mädchen in der Küche ihrer Großmutter in Kanada. Im Laufe der Zeit baute sie ihre Kenntnisse dann immer weiter aus. Die Nachfrage nach ihren einzigartigen Torten-Kreationen für verschiedene Anlässe ist riesig.

Asma Hassan ist Inhaberin von The Sugared Saffron Cake Company. Sie hat sich das Handwerk selbst beigebracht und ist spezialisiert auf moderne Hochzeitstorten und zeitgenössische Desserts. Ihre Arbeiten sind in einigen Publikationen zu Hochzeiten und Torten-Dekoration zu bewundern. Ihre Arbeiten sind auf folgenden Seiten abgebildet:
1, 4–5, 6, 7 (Teddy-Törtchen), 23 (Schmetterlings-Cupcakes), 45, 54, 72, 76–77, 100, 124, 163, 184–185 (Schmetterlings-Cupcakes), 190–191, 196–197, 198–201, 205–207, 210–213 und 224–225.

www.sugaredsaffron.co.uk

Sandra Monger arbeitet als Konditorin in Bath und wurde für ihre Torten-Kreationen bereits mehrfach ausgezeichnet. Ihre Spezialität sind Hochzeits- und Motivtorten. Die ausgebildete Patissière gibt auch Kurse in Zuckerkunst und Torten-Dekoration. Ihre Arbeiten sind auf folgenden Seiten abgebildet:
2, 7 (Prinzessinnen-Cake-Pops), 23 (Blüten-Cupcakes), 26–27, 32, 38–39, 43, 55, 56, 85, 86, 92–93, 97 (Fondant-Rüschen), 141, 147, 148, 152, 156, 162, 170–175, 180–183, 184–185 (Blüten-Cupcakes), 192–193, 194–195, 208–209, 214–217, 220–223, 226, 227 und 247.

www.sandramongercakes.co.uk

Amelia Nutting hat in den letzen sechs Jahren an vielen Torten-Deko-Wettbewerben in Großbritannien teilge-nommen und dabei mehrere Preise gewonnen. Sie ist Inhaberin von Shuga Budz, Torten-Dekoration, in Wolver-hampton und veranstaltet Kurse in Torten-Dekoration für Interessenten jeden Alters. Ihre Arbeiten sind auf folgen-den Seiten abgebildet:
3, 22, 82–83, 90–91, 94–95, 104–105, 109, 132–133, 134, 143, 164–166, 167–169, 176–179, 202–204 und 218–219.

www.facebook.com/shuga.budz

Mengen anpassen

Mit dieser Tabelle rechnen Sie unsere Grundrezepte auf andere Kuchengrößen und -formen um. Die Rezepte einfach multiplizieren und beim Backen die Garprobe nicht vergessen.

Backform	Früchtekuchen-Grundrezept mal …	Backzeit Früchtekuchen bei 160 °C	Marzipan zum Überziehen	Rührkuchen-Grundrezept mal …	Backzeit Rührkuchen bei 180 °C
RUNDE KUCHENFORM (SPRINGFORM)					
13 x 6 cm	1	2¼–2¾ Std.	340 g	1	15–20 Min.
15 x 6 cm	1	2¾–3¼ Std.	450 g	1	20–35 Min.
18 x 7 cm	1½	3½–4 Std.	570 g	1½	30–35 Min.
20 x 7,5 cm	2	4–4½ Std.	680 g	2	35–40 Min.
22 x 8 cm	2½	4¼–4¾ Std.	900 g	2½	40–45 Min.
26 x 9 cm	3	5–5½ Std.	1,1 kg	3½	50–55 Min.
28 x 9,5 cm	4	5½–6 Std.	1,3 kg	–	–
30 x 10 cm	5	6–6½ Std.	1,5 kg	–	–
35,5 x 11,5 cm	6	6¾–7¼ Std.	1,8 kg	–	–
RECHTECKIGE KUCHENFORM (KASTENFORM)					
15 x 6 cm	1½	3½–4 Std.	680 g	1½	30–35 Min.
18 x 7 cm	2	4–4½ Std.	800 g	2	35–40 Min.
20 x 7,5 cm	2½	4¼–4¾ Std.	900 g	2½	40–45 Min.
23 x 8 cm	3	5–5½ Std.	1,1 kg	3½	50–55 Min.
25 x 9 cm	4	5½–6 Std.	1,25 kg	5	60–65 Min.
28 x 9,5 cm	5	6¼–6¾ Std.	1,5 kg	–	–
30 x 10 cm	6	6¾–7¼ Std.	1,8 kg	–	–
35,5 x 11,5 cm	7	7½–8 Std.	2 kg		
HERZFORM					
15 x 7,5 cm	1½	3–3½ Std.	570 g	1½	30–35 Min.
30 x 11,5 cm	6	6–6½ Std.	1,7 kg	–	–
SECHSECKIGE KUCHENFORM					
15 x 6 cm	1	2¾–3¼ Std.	450 g	1	25–30 Min.
20 x 8 cm	2	4–4½ Std.	680 g	2	35–40 Min.
26 x 9 cm	3	5–5½ Std.	1,1 kg	3½	50–55 Min.
30 x 10 cm	5	6–6½ Std.	1,5 kg	–	–
OVALE KUCHENFORM					
20 x 16 cm	1½	3–3½ Std.	450 g	1½	30–35 Min.
26 x 20 cm	2½	4¼–4¾ Std.	680 g	3	40–45 Min.
30 x 25,5 cm	4	5¼–5¾ Std.	1 kg	–	–

Bezugsquellen

www.alleszumbacken.de
Hier gibt es eine große Auswahl an Papier-
förmchen für Muffins und Cupcakes sowie
Backformen und weiteres Zubehör.

www.alleszumbacken.de

www.bosfood.de
Delikatessen-Versandhandel mit sehr
umfangreichem Angebot an Zutaten,
Küchenhelfern, Delikatessen und
Büchern – nicht nur für die Profi-Küche.

BOS FOOD GmbH
Grünstraße 24c
40667 Meerbusch
0 21 32/13 9-0

www.sweetart.de
Inhaber Robert Oppender ist selbst Patis-
sier und Koch. In seinem Laden bietet er
neben speziellen Zutaten und Hilfsmitteln
für Patisserie und Konditorkunst auch
Kurse an.

Ladengeschäft:
SweetArt
Max-Planck-Straße 8
85716 Unterschleißheim
0 89/69 56 36

www.tolletorten.com
Backformen, Backzutaten, essbare
Dekorationen, Werkzeuge und Hilfsmittel
für Hobby-Bäcker. Online-Versand und
Ladengeschäft in Köln.

Ladengeschäft:
Hackhauser Weg 1a
50769 Köln
02 21/439 09 40

www.tortissimo.de
Online-Versandhandel für Backzubehör
wie Back- und Ausstechformen, essbare
Dekorationen, Bücher sowie für Werkzeuge
zum Modellieren und Dekorieren. Zusätzlich kann man in drei Filialen einkaufen
und Kurse besuchen.

Filiale Allendorf/Lumda:
Am Kreuzweg 1
35469 Allendorf/Lumda
0 64 07/40 34 40 21

Filiale Dresden:
Hauptstraße 3a
Goldener Reiter
01097 Dresden
0351/2 16 71 59

Filiale Leipzig:
Hansa Haus Laden Nr. 5
Grimmaische Straße 13–15
04109 Leipzig
03 41/2 25 87 32

www.cakeville.de
Dieser Berliner Laden bietet ein umfang-
reiches Angebot an Ausstechern, Motiv-
tortenformen, Muffinblechen, Papierförmchen für Muffins und Cupcakes sowie
Zuckerdekorationen.

Cakeville
Wörtherstr. 23
10405 Berlin
0 30/54 59 35 99

www.cardin-deko.de
Von Ausstechern über Teigkarten und
Strukturmatten zu Fondant und Speise-
farben – in diesem Online-Shop können
Profis und Hobby-Tortenkünstler Werk-
zeug, Ausstattung und Zutaten bestellen.

cardin-deko
Ziegler & Sohn OHG
Im Hinteracker 11
76307 Karlsbad
0 72 48/9 26 81 40

Hinweis

Zutaten
Verwenden Sie bitte stets Weizen-
mehl der Type 405 und Eier der
Größe M, sofern nicht anders
angegeben.

Ofentemperaturen
Die angegebenen Temperaturen
gelten für konventionelle Back-
öfen mit Ober- und Unterhitze.
Beim Backen mit Heißluftherden
(Umluft) müssen Sie die Temperatur
jeweils um etwa 20 °C reduzieren
(s. S. 238). Bitte beachten Sie dazu
auch die Gebrauchsanweisung bzw.
Herstellerangaben des Backofens.
Backen Sie stets in der Ofenmitte.

Register

A

Airbrush
Airbrush-Ausrüstung **21**
Airbrush-Technik **144–145**
Ausrollstab
Ausrollstab, kleiner **19**
Silikon-Ausrollstäbe **16**
Ausstecher
Ausstecher mit Auswurf **18, 101–103**
Blätter und Blüten prägen **110–111**
Bordüren-Ausstecher verwenden **119**
Leisten-Ausstecher verwenden **117**
Mosaik und Struktur **108–109**
Motive, ausgestochene **104–105**
Plätzchen-Ausstecher **106–107**
Ausstecher und Formen
Ausstecher aus Metall **18**
Ausstecher für Leisten und Bordüren **18**
Ausstecher mit Auswurf **18, 101–103**
Bordüren-Ausstecher verwenden **119**
Formen aus Schokolade genießen **60**
Kunstharzformen verwenden **122–123**
Kunststoffformen verwenden **121**
Leisten-Ausstecher verwenden **117**
Mosaik und Struktur **108–109**
Motive, ausgestochene **104–105**
Patchwork-Cutter verwenden **114–115**
Patchwork-Dekor **116**
Plätzchen-Ausstecher **106–107**
Silikonformen verwenden **120**

B

Backen
Cake-Pops backen **243**
Cupcakes backen **240**
Kuchen backen **238**
Mini-Torten backen **241**
Backformen
Backformen vorbereiten **236**
Kugelformen **237**
Motivbackformen **237**
Ballsport-Mini-Torten (Variante) **183**
Bänder einweben **155**
Bilder und Fotos
Bilder auf Reispapier **149**
Fotos auf Fondantpapier **150–151, 208–209**
Blätter
Blätter aus Buttercreme **77**
Blätter prägen **110**
Schokoladenblätter **43**
Blümchen-Torte **205–207**
Blumen, frische, anbringen **161**
Blumenstecker **18**
Blüten
Blümchen-Torte **205–207**
Blüten kolorieren **142–143**
Blüten prägen **111**
Blüten und Gestecke **90–91**
Perlen und Blüten aufspritzen **80**
Blüten-Former **18**
Blütenherz (Variante) **200–201**
Blüten-Modelliermatten **19**
Blütennägel **18**
Blütenpaste
Bänder einweben (Variante) **155**
Blüten kolorieren **143**
Blüten und Gestecke **90–91**
Blütenpaste **52**
Blütenpaste, mexikanische **53**
3-D-Kreationen, stabile **64**
Bordüren-Ausstecher verwenden **119**
Brautspitzen-Cupcakes (Variante) **217**
Buttercreme
Buttercreme, deutsche (Variante) **26**
Buttercreme, französische (Variante) **26**
Buttercreme, italienische **26**
Buttercreme zum Ausrollen **27**
Buttercreme-Bordüren **78**
Buttercreme-Dekor **76–77**
Buttercreme-Rosen **79**
Frischkäse-Buttercreme **25**

Kaffee-Buttercreme **25**
Orangen-Buttercreme **25**
Schokoladen-Buttercreme **25**
Vanille-Buttercreme, einfache **24**
Zitronen-Buttercreme **25**
Buttercreme-Rosen
Blütenherz (Variante) **200–201**
Buttercreme-Rosen **79**
Cupcake-Strauß **198–199**

C

Cake-Pops
Cake-Pops backen **243**
Cake-Pops formen **242**
Cake-Pop-Stiele **16**
Halloween-Cake-Pops (Variante) **189**
Piraten-Cake-Pops **179**
Prinzessinnen-Cake-Pops **175**
Weihnachts-Cake-Pops (Variante) **223**
Carrot Cake (Grundrezept) **230**
Cupcakes
Brautspitzen-Cupcakes (Variante) **217**
Cupcake-Strauß **198–199**
Cupcakes backen **240**
Cupcakes füllen **33**
Cupcakes überziehen **32**
Frühlings-Cupcakes **184–185**
Mini-Prinzessinnen-Cupcakes **173**

D

Dämpfen: Blüten kolorieren **142–143**
Dekorationen aufspritzen **75**
Dinosaurier **167–169**
Dragee-Borten **159**
Dragees **156**
3-D-Kreationen
3-D-Kreationen, stabile **64**
Formen aus Schokolade gießen **60**
Konstruktionen aus Fondant **62–63**
Lebkuchenhaus **66–67**
Puffreis formen **58–59**
Schablonen entwerfen **57**
Schokolade zuschneiden **61**
Torten, asymmetrische **70–71**
Torten formen und überziehen **65**

Torten, mehrstöckige **68**
Torten mit Säulen **69**
Dübel
Dübel **16**
Torten, mehrstöckige **68**
Torten mit Säulen **69**

E

Eiweißspritzglasur
Eiweißspritzglasur-Dekor **82–83**
Eiweißspritzglasur zum Spritzen
von Dekorationen **35**
Eiweißspritzglasur zum Überziehen
von Torten **34**
Schreiben mit Spritzglasur **84**
Spritzglasur-Dekorationen **140–141, 220–222**

F

Farb- und Lacksprays **159**
Figuren modellieren **92–93**
Figuren, modellierte **94–95**
Filigran-Hochzeitstorte **214–216**
Floristenband **19**
Floristendraht
Blüten und Gestecke **90–91**
Filigran-Hochzeitstorte **214–216**
Floristendraht **19**
Fondant-Rosen modellieren **88**
Gestecke anfertigen **112–113**
Fondant
Fondant, klassischer **46–47**
Fondant stärken **87**
Fondant-Rosen modellieren **88**
Fotos auf Fondantpapier **150–151,
208–209**
Konstruktionen aus Fondant **62–63**
Marshmallow-Fondant (Variante) **47**
Strukturmatten verwenden **48**
Strukturrollen verwenden **49**
Torte mit Fondant überziehen **50**
Tortenplatte überziehen **51**
Fondantmatten **16**
Formen
Formen aus Schokolade gießen **60**
Kunstharzformen verwenden **122–123**

Kunststoffformen verwenden **121**
Silikonformen verwenden **120**
Fotos
Fotos auf Fondantpapier **150–151,
208–209**
Koffer-Torte **208–209**
Frischkäse-Buttercreme **25**
Früchtekuchen
Früchtekuchen, festlicher **220–222**
Früchtekuchen (Grundrezept) **233**
Frühlings-Cupcakes **184–185**
Fußball-Torte **180–181**

G

Ganache
Ganache als Überzug **39**
Ganache zubereiten **38**
Garprobe **238**
Gestecke
Blüten und Gestecke **90–91**
Gestecke anfertigen **112–113**
Girlanden modellieren **96**
Glitter, essbarer **153**
Grundrezepte
Carrot Cake **230**
Früchtekuchen **233**
Kaffeekuchen **229**
Lebkuchen **235**
Madeira-Torte **231**
Red Velvet Cake **234**
Schokoladenkuchen **232**
Vanillekuchen, klassischer **228**
Zitronenkuchen **229**

H

Halloween-Cake-Pops (Variante) **189**
Halloween-Torte **186–189**
Handtaschen-Torte **202–204**
Hochzeitstörtchen (Variante) **213**

K

Kaffee-Buttercreme **25**
Kaffeekuchen (Grundrezept) **229**

Ketten
Handtaschen-Torte **202–204**
Ketten modellieren **97**
Kneifer
Kneifer **17**
Verzieren mit dem Kneifer **157**
Koffer-Torte **208–209**
Kolorieren
Airbrush-Technik **144–145**
Blüten kolorieren **142–143**
Kolorieren und Zeichnen **21**
Lebensmittelfarben, flüssige **135**
Pinsel-Stickerei **139**
Speisefarbe auftupfen **147**
Speisefarbe verdünnen **146**
Speisefarben-Pasten **138**
Speisefarben-Pulver **136**
Speisefarben-Stifte **137**
Spritzglasur-Dekorationen **140–141**
Konstruktionen aus Fondant **62–63**
Krume versiegeln **29**
Kuchen backen **238**
Kugelformen
Dinosaurier **167–169**
Fußball-Torte **180–181**
Halloween-Torte **186–188**
Kugelformen **237**
Kunstharzformen verwenden **17, 122–123**
Kunststoffformen verwenden **17, 121**

L

Lebensmittelfarben, flüssige **135**
Lebkuchen (Grundrezept) **235**
Lebkuchenhaus
Lebkuchenhaus **194–195**
Lebkuchenhaus bauen **66–67**
Leisten-Ausstecher verwenden **117**
Lokomotive **164–166**

M

Madeira-Torte (Grundrezept) **231**
Marshmallow-Fondant (Variante) **47**
Marzipan
Filigran-Hochzeitstorte **214–216**

Früchtekuchen, festlicher **220–222**
Marzipan **36**
Marzipan als Überzug **37**
Modellieren mit Marzipan **98–99**
Mengen anpassen **248**
Mini-Prinzessinnen-Cupcakes **173**
Mini-Torten backen **241**
Modellieren
Blüten und Gestecke **90–91**
Figuren modellieren **92–93**
Figuren, modellierte **94–95**
Fondant stärken **87**
Fondant-Rosen modellieren **88**
Modellieren mit Marzipan **98–99**
Tulpen, gekräuselte, modellieren
(Variante) **89**
Tulpen modellieren **89**
Verzierungen modellieren **96–97**
Modelliermassen
Blütenpaste **52**
Blütenpaste, mexikanische **53**
Schokoladen-Modelliermasse **44–45**
Mosaik und Struktur **108–109**
Motivbackformen **237**
Motive, ausgestochene **104–105**
Motiv-Schablonen **132–133**
Muster, filigrane **49, 81, 126–127**

Oberfläche glätten **50, 239**
Ombré-Torte **196–197**
Orangen-Buttercreme **25**

P

Patchwork
Patchwork-Cutter **18**
Patchwork-Cutter verwenden **114–115**
Patchwork-Dekor **116**
Perlen und Blüten
Perlen und Blüten aufspritzen **80**
Früchtekuchen, festlicher **220–222**
Tauftorte **192–193**
Pinsel-Stickerei **139**
Piraten-Cake-Pops **179**

Piratenschiff **176–179**
Plätzchen-Ausstecher
Halloween-Torte **186–188**
Lebkuchenhaus **194–195**
Lokomotive **164–166**
Piratenschiff **176–179**
Plätzchen-Ausstecher **106–107**
Teddy-Törtchen **190–191**
Prägen mit Schablonen **130–131**
Prinzessinnen-Cake-Pops **175**
Prinzessinnenschloss **170–175**
Puffreis formen **58–59**

R

Red Velvet Cake (Grundrezept) **234**
Reispapier
Bilder auf Reispapier **149**
Piratenschiff **176–179**
Rollschneider
Blümchen-Torte **205–207**
Koffer-Torte **208–209**
Lokomotive **164–166**
Piratenschiff **176–179**
Rollschneider **18**
Rollschneider verwenden **118**
Rüschentorte **224–225**
Schokoladen-Hochzeitstorte **210–212**
Tauftorte **192–193**
Rosen
Blumen, frische, anbringen **161**
Blumenstecker **18**
Blütenherz (Variante) **200–201**
Buttercreme-Rosen **79**
Cupcake-Strauß **198–199**
Filigran-Hochzeitstorte **214–216**
Fondant-Rosen modellieren **88**
Schokoladen-Hochzeitstorte **210–212**
Rugby-Torte **182**
Rüschen modellieren **97**
Rüschentorte **224–225**

S

Säulen
Säulen **17**
Torten mit Säulen **69**

Schablonen
Motiv-Schablonen **132–133**
Muster, filigrane **126–127**
Prägen mit Schablonen **130–131**
Schablonen **21, 244–246**
Schablonen entwerfen **57**
Speisefarbe aufstäuben **129**
Speisefarbe auftragen **128**
Tortenrand verzieren **125**
Schichttorten füllen **28**
Schleifen modellieren **96, 210–212, 220–222**
Schokolade
Formen aus Schokolade gießen **60**
Ganache als Überzug **39**
Ganache zubereiten **38**
Schokolade aufspritzen **85**
Schokolade schmelzen und temperieren **40–41**
Schokolade zuschneiden **61**
Schokoladenblätter **43**
Schokoladen-Buttercreme **25**
Schokoladen-Hochzeitstorte **210–212**
Schokoladenkuchen (Grundrezept) **232**
Schokoladen-Modelliermasse **44–45**
Schokoladenröllchen **42**
Schokoladenzigaretten (Variante) **43**
Schokoroulade, weihnachtliche **218–219**
Schreiben mit Spritzglasur **84**
Seile modellieren **97**
Silikonformen verwenden **17, 120**
Speisefarbe
Speisefarbe aufstäuben **129**
Speisefarbe auftragen **128**
Speisefarbe auftupfen **147**
Speisefarbe verdünnen **146**
Speisefarben-Pasten **138**
Speisefarben-Pulver
Blümchen-Torte **205–207**
Dinosaurier **167–169**
Halloween-Torte **186–189**
Koffer-Torte **208–209**
Speisefarben-Pulver **21, 136**
Früchtekuchen, festlicher **220–222**
Speisefarben-Stifte **21, 137**

Spritzbeutel
Spritzbeutel drehen **73**
Spritzbeutel füllen **74**
Spritzbeutel und Tüllen **20**
Spritzdekor
Buttercreme-Bordüren **78**
Buttercreme-Dekor **76–77**
Buttercreme-Rosen **79**
Dekorationen aufspritzen **75**
Eiweißspritzglasur-Dekor **82–83**
Muster, filigrane **81**
Perlen und Blüten aufspritzen **80**
Schokolade aufspritzen **85**
Schreiben mit Spritzglasur **84**
Spritzbeutel drehen **73**
Spritzbeutel füllen **74**
Spritzglasur-Dekorationen **140–141, 220–222**
Steppnähte
Handtaschen-Torte **202–204**
Steppnähte und Dragees **156**
Strukturmatten
Fondantmatten mit Antihaft-Beschichtung **16**
Strukturmatten **17**
Strukturmatten verwenden **48**
Strukturrollen
Strukturrollen **17**
Strukturrollen verwenden **49**

T

Tauftorte **192–193**
Teddy-Törtchen **190–191**
Teigkarten **16**
Törtchen
Ballsport-Mini-Torten (Variante) **183**
Hochzeitstörtchen (Variante) **213**
Mini-Torten backen **241**
Teddy-Törtchen **190–191**
Torten, asymmetrische **70–71**
Torten überziehen
Torten formen und überziehen **65**
Torte mit Fondant überziehen **50**
Torten überziehen **30–31**

Torten, mehrstöckige
  Blümchen-Torte 205–207
  Filigran-Hochzeitstorte 214–216
  Prinzessinnenschloss 170–175
  Schokoladen-Hochzeitstorte 210–212
  Torten, mehrstöckige 68
Torten mit Säulen 69
Tortenglätter
  Torte mit Fondant überziehen 50
  Tortenglätter 17
  Tortenplatte überziehen 51
Tortenplatte
  Tortendrehplatten 16
  Tortenplatte überziehen 51
  Tortenplatten-Stecksystem 16
Torten-Projekte
  Ballsport-Mini-Torten (Variante) 183
  Blümchen-Torte 205–207
  Blütenherz (Variante) 200–201
  Brautspitzen-Cupcakes (Variante) 217
  Cupcake-Strauß 198–199
  Dinosaurier 167–169
  Filigran-Hochzeitstorte 214–216
  Früchtekuchen, festlicher 220–222
  Frühlings-Cupcakes 184–185
  Fußball-Torte 180–181
  Halloween-Cake-Pops (Variante) 189
  Halloween-Torte 186–188
  Handtaschen-Torte 202–204
  Hochzeitstörtchen (Variante) 213
  Koffer-Torte 208–209
  Lebkuchenhaus 194–195
  Lokomotive 164–166
  Madeira-Torte (Grundrezept) 231
  Mini-Prinzessinnen-Cupcakes 173
  Ombré-Torte 196–197
  Piraten-Cake-Pops 179
  Piratenschiff 176–179
  Prinzessinnen-Cake-Pops 175
  Prinzessinnenschloss 170–175
  Rugby-Torte 182
  Rüschentorte 224–225
  Schokoladen-Hochzeitstorte 210–212
  Schokoroulade, weihnachtliche 218–219
  Tauftorte 192–193

  Teddy-Törtchen 190–191
  Weihnachts-Cake-Pops (Variante) 223
  Weihnachtskugeln (Tipp) 222
Tortenschneider
  Tortenschneider 17
  Oberfläche glätten 239
Tüllen 20
Tulpen, gekräuselte, modellieren (Variante) 89
Tulpen modellieren 89

V
Vanille-Buttercreme, einfache 24
Vanillekuchen, klassischer
  (Grundrezept) 228
Verzierungen
  Bänder einweben 155
  Blumen, frische, anbringen 161
  Farb- und Lacksprays 159
  Früchtekuchen, festlicher 220–222
  Glitter, essbarer 153
  Handtaschen-Torte 202–204
  Rüschentorte 224–225
  Schokoladen-Hochzeitstorte 210–212
  Steppnähte und Dragees 156
  Tauftorte 192–193
  Tortenrand verzieren 125
  Verzieren mit dem Kneifer 157
  Verzierungen modellieren 96–97
  Zucker, gesponnener 158
  Zuckerblüten anbringen 160
  Zucker-Juwelen verwenden 154

W
Weihnachts-Cake-Pops (Variante) 223
Weihnachtskugeln (Tipp) 222

Z
Zeichenpinsel 21
Zitronen-Buttercreme 25
Zitronenkuchen (Grundrezept) 229
Zucker, gesponnener 158
Zuckerblüten anbringen 160
Zucker-Juwelen verwenden 154
Zuckerthermometer 16

Dank

Als Autorin danke ich drei der wunderbarsten und fantasievollsten Torten-Dekorateurinnen, die ich kenne: Asma Hassan, Sandra Monger und Amelia Nutting. Ihre Inspiration und Hilfe bei der Produktion der großartigen Projekte und ihre Tipps zu den verschiedenen Techniken waren von unschätzbarem Wert. In unserer viermonatigen Zusammenarbeit habe ich mehr über Torten-design von ihnen gelernt als in vier Jahren Arbeit als Konditorin. Vielen Dank auch an das DK-Team, das bei der Produktion dieses hübschen, praktischen und wirklich hilfreichen Buches wahre Wunder bewirkt haben. Dank gilt vor allem Martha Burley, der wahrscheinlich organisiertesten, effizientesten und entgegenkommendsten Lektorin der Welt. Kathryn Wilding kümmerte sich um das ausgezeichnete Design des Buches. Sie war dabei immer bereit, Änderungen vorzunehmen, bis wir endlich zufrieden waren. Peggy Vance fand die Idee für dieses Buch vielversprechend, Charis Bhagianathan, Janashree Singha, Dawn Henderson und Christine Keilty haben geholfen, diese Idee in die Realität umzu-setzen. Vielen Dank an euch alle! Mein besonderer Dank geht an Rosa Viaca, deren »RVO«-Formen für die feine Spitze extra aus Peru geliefert wurden, um für dieses Buch verwendet werden zu können.

DK dankt Karen Sullivan, Asma Hassan, Sandra Monger und Amelia Nutting für ihre Inspiration und Kreativität im Bereich der Torten-Dekoration. Dank gilt außerdem folgenden Personen:

Fotografie Clive Bozzard-Hill
Zusätzliche Fotografie William Reavell
Künstlerische Leitung Penny Stock
Hauswirtschaft Paul Jackman
Requisiten-Styling Liz Hippisley
Korrektorat Corinne Masciocchi und Sue Morony
Register Vanessa Bird
Design-Assistenz Tessa Bindloss, Kate Fenton, Lucy Parissi
und Harriet Yeomans
Redaktions-Assistenz Elizabeth Clinton